Fantastic Stories

Vera P. Zhelikhovskaya

Фантастические рассказы

Вера П. Желиховская

Fantastic Stories

ISNB: 978-1-60444-890-0

Фантастические рассказы

© Индоевропейских Издание , 2018

ISNB: 978-1-60444-890-0

ФАНТАСТИЧЕСКИЕ РАССКАЗЫ

СВЯТОЛЕССКИЕ ПЕВЦЫ

Старинное предание

Дела стародавних, далёких времён,
Преданья невянущей славы![1]

Несколько лет тому назад привелось мне проводить лето в деревне, на юге России, в очень живописной местности. В окрестностях нам показывали много древних курганов; возле озера, в красивом дубовом лесу уцелели ещё многие развалины, по преданию, целого города, по имени которого будто бы и вся эта местность называлась Святолесскою. Неподалёку от озера, среди богатого чернозёмного поля, целая груда камней указывала место церкви, носившей странное название "выпетой". Собственно церкви не было и следа, всего несколько кучек булыжника проросших травой; но местные жители утверждали, что здесь именно, до татарского погрома, стоял древний храм, называвшийся так, и в доказательство пережившего века уважения к этому месту, на нём крестьяне от времени до времени возобновляли простой, неотёсанный, бревенчатый крест. Зимой это место представляло снежный курган, а летом довольно цветущий бугорок, с покосившимся крестом на верхушке.

Я долго не могла добиться, почему это место называлось "выпетым". Кто его выпевал? Никто не знал и сказать мне не мог, пока не познакомилась я с одною старою-престарою старушкой помещицей, которая заявила мне, что знает хорошо предание о Святолесской Выпетой церкви; что у неё хранится даже о нём рассказ – семейная рукопись чуть ли не прадеда её.

Эту рукопись она показала мне, а я, переписывая её, постаралась только немного поновить её слог, придерживаясь по возможности близко подлинному рассказу.

---

[1] А. К. Толстой "Песня о походе Владимира на Корсунь". Прим. ред.

I

Было то давно, не при отцах, не при дедах наших, даже не при прапрадедах, а и того гораздо пораньше. Было это в те времена, когда славные богатыри по святой Руси похаживали; похаживая, дубинками, кистенями помахивали; помахивая, с басурманов головы сымали, из-под семи замко́в у крылатых змиев клады выкрадывали, у злых кощеев из теремов красных девиц выручали.

В те ли тёмные, дальние дни, свет веры Христовой редкими огоньками по лицу земли Русской теплился. Бо́льшая часть людей Перуну грозному кланялась, Дид-Ладо не в одних игрищах да песнях славила, – а что уж Чернобога до того страшилася, что слугам его – кудесникам – работа не переводилась: чрез них и мольбы воссылались, и жертвы идолам приносились.

Чем дальше от первокрещённого Киева, тем реже сияли кресты на храмах Господних, тем чаще вздымались жертвенники в честь языческих богов. От града ко граду не видать было церквей христианских, да и в самих-то градах не велика была истинная паства Господня... Искренних, убеждённых христиан не очень много ещё было.

Однако городок Святолесск, даром что лежал в стороне от проезжего пути к стольному граду Киеву, промеж чёрных, дремучих лесов, за холмами высокими, за песками сыпучими, но величался своим кремлём, с многоглавым собором. И то сказать: мог он точно величаться! Красой его Бог не обидел. Каждый путник, – будь он злой нехристь-татарин, аль крещёный человек, всё одно, – как выходил из-за тёмного леса, да сразу метался в очи ему, на зелёной на горе, по-над озером светлым, городок с пригородьями, валы крепостные с частоколом высоким, а за частоколом собор пятиглавый, озолочённый, воеводский дом, с расписными теремами боярскими, со столбами витыми, крылечками, да резьбой узорною; да как бывало солнышко-то ещё ударит в красу его, да вся она как есть целиком опрокинется в ясное зеркало вод лазоревых, – каждый поневоле остановится и подумает: "Экая краса благодатная!.. Ай да город Святолесск, – залюбуешься!.."

II

Невдалеке от городка, на лесной опушке, был погост с малою часовенкой. Церкви при кладбище не было: куда ещё! Будет что в кремле бревенчатый пятиглавый храм всем на диво вздымался... О новой церкви

2

святолесцы ещё не думали. Покойники побогаче да поважней в городу отпевались, бедные – в часовенке при погосте. А бо́льшая часть жителей в обрядах христианских и вовсе нужды не видала; кто просто умерших земле предавал, кто втихомолку курганы над ними вскапывал, тризны языческие по-прежнему правил.

Часовенка при кладбище была заложена временная купчиной богатым. Собирался он на место неё и всю церковь выстроить, потому что уж крепко напуган был: стал купчина помирать, а помереть ему крепко не хотелось. Вот и пообещался он, если выздоровеет, во имя Успения Божией Матери храм на погосте построить. Захворал он как раз об этом празднике, а на самое на Успение с него как рукой хворость сняло... Делать, стало, нечего: приходилося мошной тряхнуть. Заложил он будущую церковь, возле выстроил часовенку, и весь бы храм, статься могло, достроил, да только пришлось ему по делам из городу выехать, – уехал он и был таков! Не стало о нём слуху, не осталось и духу.

Так и пришлось святолесским покойникам одною, во имя Успения, часовенкой пробавляться.

Никто о том не тужил, кроме разве одного попа Киприана, духовника пропавшего купца. Был он человек совестливый и пастырь добрый; мучило его сознание, что восприял он обет духовного своего чада, сам и место для храма святил и первый камень его заложил – и всё то дело вышло облыжное!.. Ему казалось, что сам он отчасти ответствен и виновен в обмане, – хоть не намеренно, а допустил ложный Богу обет... И сокрушался поп Киприан.

Тем горше сокрушался, что не видал себе ни в ком соучастия, и ясно было ему, что сколь много он ни старайся, как усердно ни обращайся к благостыне христианской, – но век не собрать ему казны нужной для построения заложенного храма.

Отец Киприан был родом не русский. Малым ребёнком прибыл он из православной Греции с отцом своим, иереем. Отца его сам князь Владимир Красное Солнышко с другими пастырями выписал из Константинограда. С годами обрусела семья; Киприан женился на дочери природного киевлянина, на красавице Миловиде, во святом крещении названной Любовью, и сам приял священство.

Верно было дано жене Киприановой христианское имя: ни в ком христианское милосердие и чистая любовь не могли горячее гореть, как в сердце этой красавицы, обращённой благочестивым супругом в ревностную христианку.

Бог благословил брак их тремя детьми: дочерьми Верой и Надеждой и сыном Василько. Не могли поп с попадьёй наглядеться на деток своих, души в них не чаяли! И то сказать, все они трое красавцы были писаные, и душой столь же хороши как и обликом.

Надежда с Верой были близнецы и столь сходны, что отличить их, кроме отца с матерью, никто не мог. Даже брат, млаже их на два года, часто их смешивал и смеючись говаривал: "Не всё ль мне едино, кто из вас Вера, кто Надежда?.. Где одна, там и другая! Делить вас нельзя, и люблю я вас ровно... Для меня вы обе и матушка – третья – нераздельны. Все вы трое – в единой Любови и Любовь единая!"

И точно! Горячо друг друга любили дети отца Киприана. Брат и сёстры не разлучались и всегда ходили обнявшись, привлекая взоры и улыбки встречных своею миловидностью.

III

У всех троих были чудесные голоса. Отец и мать их научили многим священным напевам; кроме того, поп Киприан выучил своего десятилетнего мальчика играть на гуслях. И так они втроём сладко играли и пели, что в праздничные дни, особенно долгими летними вечерами, народ толпами стал собираться под окно поповской избы, чтобы послушать песнь об Иове многострадальном, о чудном спасении трёх отроков в пещи огненной, или другое подобное сказание, которые отец Киприан умел искусно в стих перекладывать.

Слушал их народ, заслушивался и уходил умилённый...

И вдруг осенила благочестивого иерея дума: "Не расточаются дары Господни напрасно. Не дана ли мне, в сладостных голосах невинных моих отроков, возможность снять со своей и с чужой души тяжесть невыполненного обета?.. Сам Спаситель учил не зарывать в землю талантов... Пойду-ка я к старцу Евфимию, попрошу его разрешение и, коли он благословит, поставлю у порога моего кружицу для добровольных приношений на построение храма на бедном погосте нашем. Пусть народ слушает пение моих детей и в умилении подаёт, во спасение душ своих, посильные лепты".

И пошёл Киприан в Святолесскую пустынь, в скит отшельника Евфимия. В глухих дебрях лесных основал святой старец одну из первых иноческих обителей на Руси; но вскоре сожительство с несколькими братьями монахами, последовавшими за ним в пустыню, показалось ему тягостною суетой... Удалился он от заложенного им скита в ещё бо́льшую глушь дремучего бора; вырыл себе малую пещерку и там спасался в денных и ночных молитвах, видясь только с теми, кто имел до него

4

неотложное дело. Без особой нужды не дерзали нарушать уединение святого старца даже братья его, иноки. По очереди, раз или два в неделю, тайком крадучись, они навещали пустынника; с низким поклоном клали на пороге пещерки его просфору и удалялись, не промолвив ни слова.

Однако тех пришельцев, кои к нему обращались с просьбой: "Благослови, отче, на беседу, во спасение души!", Евфимий осенял крестным знамением, выслушивал и давал наставление.

Радостный возвратился из скита отец Киприан и тотчас принялся за дело.

Перенёс он свою убогую хижину к самому кладбищу; поселясь возле самой часовни, стал безвозмездно совершать все требы: отпевал, хоронил, поминал православных, ничего для себя не требуя, лишь указывая просившим молитв его на вделанную в камень у самого входа в часовенку железную кружицу, с поклоном говоря каждому:

— Не для меня жертвуете, православные, — для себя самих, на построение храма, во имя Пресвятой Матери Господа нашего Иисуса Христа, — по обету здесь заложенного, да не выстроенного.

И давали добрые люди полушки и гривны, — кому сколько в силу-мощь было; давали тем щедрей и охотней, что нигде никто не слыхивал столь сладостного пения, как на служениях отца Киприана. Две дочери и отрок сын служили ему клиром.

Когда же наступали вешние дни, оконца и двери отворялись в поповой избе; семья выходила коротать долгий золотой сумрак на крылечко; туда Василько выносил свои гусли и, присев с сёстрами на ступеньки, первый подавал им голос. Когда юные голоса их разливались в хвале Богу, Создателю утренней и вечерней зари, солнца жаркого, и кроткого месяца, и ясных звёзд что вокруг них зажигались в румяных ещё небесах, — тогда лужайка пред погостом покрывалась народом. Соседи из пригородов и горожане из-под кремля самого стекались послушать дивное пение. Многим казалось, что Божья благодать, мир и любовь нисходят вместе с волнами звуков в смягчённые сердца. Многим хотелось молиться: им чудилось что ангелы Божии сходят с ясных небес и свои голоса примешивают к пению отроков... Полушки и гривны тогда частым дождиком стучали о дно кружки церковной, и радовалось сердце отца Киприана, слыша стук этот и внемля просьбам народа, говорившего его детям:

"Пойте, отроки Божии! Славьте ещё Отца Вседержителя, и Духа Святого, и Христа-Спасителя, и Пресвятую Матерь Его!.. Добро нам слушать вас! Пойте! А уж мы порадеем на построение храма".

И точно радели не скудно!.. Чаще и чаще приходилось Киприану соборного протопопа, отца-казначея, тревожить: считать жертвенные сборы на храм Успения и сдавать их в кремль, на хранение.

— Ещё до будущей весны повременим, да уж можно будет, с помощью Господа, помалу к постройке приступать! — радовался отец Киприан, а за ним радовались и благодарили Бога за ниспосланную им благодать и жена его и дети.

Откуда что бралося у этих, Божиею благодатью взысканных детей! Последние годы отец, удручённый службами и добровольными требами, перестал заботиться им песни складывать: сами они их на лету составляли. Особливо сёстры доходчивы на стих были! Лишь прочтёт что отец в священном писании или во Псалтыри, — сейчас у них и пересказ, и песнь готовы...

Словно премудрость свыше осеняла их разум, — из чистых сердец и чистых уст их славословия сами собой изливались.

IV

Славословия певцов-отроков изливались простосердечные, всем понятные, до глубины самых чёрствых душ доходившие и лучше вкоренявшие веру Христову в окрестном населении, чем требы церковные, не всем понятные.

Вскоре слухи об ангельском пении в семье святолесского священника разошлись далеко, дошли до самого Киева; множество богомольцев стало нарочно с пути сворачивать, чтобы послушать гусли отрока Василько и пение его с сёстрами. Из Киева же был прислан от начальства запрос: что за притча творится в семье отца Киприана?.. Нет ли обману какого? Нет ли прельщения бесовского, зловредного?..

Но ещё ранее запроса пришёл из скита старца Евфимия к протопопу святолесскому инок со словесным его наказом: что так и так де, — будет запрос об отце Киприане и семье его, так просит старец Евфимий их не замаять лихою отповедью, а всё по правде доложить, что доброе дело ими творится с его, Евфимия, благословения... Дело и само было по плодам своим видно: послушали посланцы киевские пения, умилились душевно! Пересчитали казну для построения храма собранную — умилились пуще, похвалили попа Киприана, похвалили богоугодное житие семьи его и сладкогласное пение детей и восвояси отбыли обратно.

Но приключилось тут особое дело, поднявшее грозу и гонения на благочестивую семью. Воевода святолесский, боярин Буревод и молодой его племянник Ратибор сами полюбопытствовали послушать пение; отец

Киприан возил детей в дом воеводы. Обласкали их там; вдовый боярин водил их в терем к своим дочерям-невестам, и те, хотя, сказывали Вера и Надежда родителям, гордо обошлися с ними, но пение их одобрили. А уж думные бояре с дьяками и со служилыми людьми в голос захвалили дочек поповских и так-то смотрели на них, что обе не знали, куда глаза девать.

И вот зачастили после того воевода с племянником на погост "слушать божественное пение"... Василько хвалили в меру, зато на девиц хвала без меры сыпалась, и уже так-то ласков был воевода, и так-то пристально молодой его родич с пригожих дочек её глаз не спускал, что попадья сказала мужу:

– Ой, Киприанушко, сдаётся мне, что не даром зачастили к нам эти бояре!

– А вестимо недаром! – весело отозвался поп. – Гляди как кружка наша сборная отяжелела: того гляди надо её опять в кремль везти, казначею сдавать!

– Не то я сказываю, Киприанушко! Смотри, не пришлось бы нам родных дочек из дому свезти... Воевода-то с Веры глаз не спускает, а племянник его как воззрился на Надежду, так никого и ничего опричь её красы и не видит.

Смутился отец Киприан.

– Ну уж ты, баба! – говорит, – у вас всё только этакое на уме! Боярин Буревод в деды дочкам нашим годится, станет он на дитя льститься?.. Да и Ратибор Всеславович не таких красавиц, я чай, в Киеве видывал.

– Таких красавиц писанных и на всём-то свете мало! – вздохнула матушка попадья.

V

Отец Киприан жене не возражал, но призадумался. Знал он, что обе дочки его Богу обещанные невесты: с тринадцати годков стали они всем сердцем в монашество рваться. Ныне шёл им шестнадцатый год. Не один жених пробовал свах засылать, но ответ всем был один: за честь благодарят покорно, а о браке не помышляют. Монашеских обителей в то время на Руси ещё не было; желающие спасаться удалялись в скиты, в пустынях себе кельи ставили, как святолесский старец Евфимий. О женских монастырях и не слыхивали. Но у отца Киприана родная сестра была игуменьей монашеской обители на родине его. Он много рассказывал о ней семье, и обе девушки рвались поступить под святой кров её, и хотя сознавали, что это трудно исполнимая мечта, но дали обет безбрачия и заявили о том родителям.

Права оказалась матушка: не откладывая в долгий ящик своих помыслов и на свах не тратясь, сам боярин Буревод за себя и за племяша посватался. Призвал он раз, после соборной обедни, к себе попа Киприана, да и говорит:

— Ну, отче, видно твоё счастье! Вдвойне хочу с тобой породниться: давай нам в жёны дочек твоих — мне Веру, а Надежду — братнину сыну. На роду им писано боярынями быть.

Побледнел отец Киприан, затрясся даже весь. А воевода смотрит, да в седую бороду ухмыляется... "От великого счастья, — думает, — батька голову потерял!"

— Ну, ну! — говорит ему, — успокойся, да благодари Бога, что мы с племянником честные люди... Поди объяви семье радость. На той неделе сговоры справим, а там честным пирком да и за свадебку! Сам нас, отче честной, венцами благословишь... Иди с миром! Завтра подарки невестам пришлём.

И ушёл поп Киприан, не посмел перечить, сам только мыслил: "Эх, греховодник старый! За что только Бога благодарить наказывает!.. Ну, что теперь будет?.. Положим, обета настоящего дочки не давали, да и не в таких летах они, чтобы Господу их обещания приять... От греха они свободны, но... захотят ли?.. Прельстятся ли славой мирскою?.. Неволить их я не могу!"

VI

Как берёзки под зимним инеем побелели сёстры, услыхав весть привезённую отцом! Обнялись они, прислонилися друг ко дружке, смотрят на отца большими, затуманенными, но и сквозь слёзы блиставшими как звёзды небесные, глазами, а сами дрожмя дрожат, так что и слова высказать не могут.

Испугалися отец с матерью.

— Что вы! Что вы, голубки наши белые?.. Чего испугалися?.. Ведь неволить вас не станем!

Тут Вера, считавшаяся старшею, брови нахмурила и выговорила, строго-престрого на отца глядючи:

— Неволить?.. Кто ж нас может неволить, когда мы Господу Богу обещаны!? Убить нас можно! Но замуж отдать нельзя!

— Что ж ты, батюшка, воеводе ответил? — прошептала Надежда.

8

Потупился отец Киприан под взглядом дочек своих.

– Что ж! – говорит. – Я за вас решения класть не мог. Детьми вы замыслили себя Богу посвятить... Настоящего обета не давали... Дело это трудное!.. У нас женских обителей, куда бы вам приютиться, и вовсе нет!

– Нет – так и без приюта свой век изживём! – твёрдо выговорила Вера.

– А и век-то наш не гораздо длинен! – прибавила сестра её.

– Полно-ко: никто не весть ни дня своего, ни часа! – заметил отец.

А мать и братишка заплакали от таких Надеждиных слов. Знали они, что обе сестры уверены в своей скорой смерти: были им, сонные аль явные, – сами не ведали они того, – только были видения верные.

В тот же день побывал отец Киприан у воеводы, низко кланялся ему на милости, заявлял, что дочки боярам челом бьют за великую честь, будут де их имена на молитвах поминать с благодарностью, но выйти в замужество не могут: Богу безбрачие ими обещано...

Заявить-то об этом поп заявил, да уж и сам не знал, как его ноги из палат боярских вынесли, до того разгневался на него воевода! Так забранил он и ногами затопал, что света не взвидел отец Киприан и сумрачный вернулся домой. Слышал он, уходя, как меньшой, Ратибор, останавливал дядю во гневе и нехорошие слова молвил.

– Полно-ко тебе, дядюшка, гневаться! – позеленев от злобы, сказал Ратибор Всеславович. – Сами себе девки вороги: не хотят добром за нас идти, – силком их заберём – и вся недолга!

И пуще ярости старого боярина испугала священника злобная решимость молодого. Поведал он об этом матери-попадье; наставлял, чтоб она никуда дочек одних не пускала, берегла бы их денно и нощно; а сам даже двух злющих псов завёл, чтобы по ночам никого близко к дому не подпускали. Ночи-то как раз становились длиннее, подходило осеннее, ненастное время.

С осенними холодами, как всегда, люди стали больше болеть, простужаться. Прибавилось дела знахарям да попам; а уж такому-то как Киприан, в народе прозванному "бессребреником", пуще всех приходилось работать. Другой день, от множества треб, хлеба куска не успевал проглотить. Не доедал и не досыпал, так что домашние его почти не видали. Когда же и бывал дома, то всё ж в избе мало сиживал, неустанно наблюдая за подвозом и складкой материала для будущей церкви. С осени порешил он всё заготовить, а раннею весной приступить к постройке. За усталью, да семейными тревогами совсем поизвёлся отец Киприан; а тут ещё на беду и сам застудился и недомогал. Хорошо что, к великому облегчению забот его, молодой боярин Ратибор уехал неожиданно в Киев. "Видно на службу отозвали его. Давненько он здесь баклуши-то бил: авось его теперь не скоро отпустят", – утешался отец Киприан.

Примолк и воевода... Поповская семья о них никогда речей не держала, но в тайне все радовались, что не стало у них ни следа, ни слуху о дяде с племянником.

"Неужто ж пронесло мимо грозу? Подай, Господи!" – думала мать-попадья и набожно крестилась.

Подошла зима со своими пушными покровами; всё обложила лебяжьим пухом, обвешала алмазными ожерельями, посыпала жемчугом. В том году она стала сразу снежная да суровая. С октября уж пришлось отцу Киприану всякие работы по постройке бросить, а в ноябре весь заготовленный материал потонул под саженными снегами, так что поневоле на отдых больше времени стало перепадать. Свободное время даром в благочестивой семье не пропадало; в долгие зимние вечера, при свете яркой лучины, прялись пряжи, ткались холсты; а пока женские руки были заняты рукоделием, отец с сыном новые псалмы и молитвы на голоса раскладывали. Василько свои гусли перебирал, а сёстры им обоим помогали и склад налаживать и голос выводить. И так-то дружно и ладно у них это дело спорилося, что, не глядя на заносы и метели, частенько в ворота их стучались гости: охотники послушать певцов и зимой не переводились.

С благословения отца протоиерея, Киприан стал с собой возить по праздникам детей в город; там становились они на клиросе и своими чистыми, звонкими как серебро голосами, руководили общим песнопением молящихся. Весь народ вторил им, благоговейно взирая на светлую красоту сестёр, коих лики блистали благодатным светом ангельской чистоты и непорочности. Пред всяким двунадесятым праздником вся благочестивая семья постилась; а говела и приобщалась Св. Тайн два раза в году, в Светлый Христов день и в Успение.

Не успели оглянуться, как подошёл Рождественский пост. На святого мученика Филиппа заговелися, а с Гурьева дня поститься стали строго, без рыбной снеди, и каждый день дети сопутствовали отцу в кремль к обедне. Особливо дочери усердны были ко святому служению, редко пропуская утрени, не только что литургию. Василько чаще оставался дома с матерью, которой ради хозяйственных забот нельзя было выходить из дому ежедневно.

VII

В ночь на 20 ноября было сёстрам сонное видение. Обе одновременно узрели в светлом небе блистающую причастную чашу, и обе слышали голос, возвещавший великое таинство подлинными словами божественного песнопения: "Тело Христово приимите, источника бессмертия вкусите!"

Обе сразу поднялись на ложах своих, и обе воззрились одна на другую, спрашивая:

– Что это значит? Что ты видала, сестра?

Поведали они друг другу свой дивный, одинаковый сон, и так порешили:

– Господь нам близость земного конца возвещает. Надо нам приобщиться Его Телу и Крови... Да будет над нами Его святая воля!

На утро, встав, чтобы сопутствовать отцу в Божий храм, они рассказали ему о видении своём и о желании, не отлагая, причаститься.

– Что же! – скрыв тревогу житейскую, согласился отец Киприан, – ежели таково ваше желание, завтра, на утрени, исповедуйтесь, а за обедней, в день Введения во храм Пречистой Девы Марии, я приобщу вас Телу и Крови Господним... Только, по слабости нашей человеческой, прошу я вас, дети мои, поберегите мать вашу! Не тревожьте её предвидениями скорой кончины вашей... Быть может услышит Господь и наши моления родительские, – упасёт вас от смерти безвременной.

И было ими решено скрыть от брата и матери свои помыслы о близости смертного часа.

На следующий день, в праздник Богородичный, пели дети отца Киприана в Святолесском соборе; пели они, как в те века водилось, со всеми прихожанами вместе, но их чудные голоса выделялись как чистое серебро в общем хоре славословия. А когда Вера и Надежда подошли к пречистой чаше, солнце пробилось сквозь зимнюю мглу и тремя яркими лучами озлатило их благоговейно склонённые головы; они предстали народу словно видение свыше, словно чистые серафимы в облаках курившегося фимиама. Многие вместе с ними молитвенно преклонили колена, а другие в толпе умилённо переговаривались.

– Смотрите, православные! Словно Божии Ангелы к нам грешным с неба слетели! Не по земному сияют лики сих чистых отроковиц! Да и голоса их звучат не по земному.

И точно, красота сестёр была чудно прекрасна! Она умиляла души избранных, а иных поражала не умиляя... У дверей храма, в толпе, среди пришлых богомольцев, один парень в лаптях и мужицком зипуне во всю службу глаз с них не спускал, лоб перекрестить забывал на них глядючи.

Не по-мужицки мужицкая одежда на этом парне лежала; а забываясь, когда кто его, по тесноте, ненароком толкал или пред ним становился, заслоняя ему поповских дочек, он так гневно да властно чёрными глазами вскидывал, что видевшие только сторонилися, дивясь: ишь-де, сиволапый, каким соколом озирается!..

Кончилась служба. Воевода со своими пришёл на паперть. Остановился там, на посох воеводский опираючись; сгрёб в кармане пригоршню полушек, стал нищую братию, праздника для, оделять, да вдруг как встрелся глазами с высоким парнем в зипуне, дрогнул и приосанился.

Кабы кто сумел в душу боярина Буревода прозреть, прочёл бы там довольные помыслы:

"Ишь ведь, пострел, каково вырядился!.. И мне не сказался что уж здесь!.. Ну видно и впрямь надо в скорости гостей желанных поджидать. Велю ключарю потайной калитки на ночь не замыкать!"

VIII

Возвратился отец Киприан с семьёй поздно. Приходилось ему в городе ещё кое-какие требы свершать; дети его на соборном дворе, у вдовой дьячихи-просвирни в келийке обождали. Звал их отец казначей, протопоп соборный, к себе, пирожка с грибами праздничного откушать, – да не захотели сёстры, убоявшися расспросов да переговоров. Попадьи да поповны городские им проходу и то не давали: корили за спесь, за неразумие! Как де было им за бояр не пойти?.. Девичье счастье прозевали, чтоб после век де плакаться.

Не хотелось Вере и Надежде их вздорные речи бабьи слушать. Не хотелось от пересмехов девичьих, от взглядов, да заигрываний нескромных их братьев да мужей терпеть. Не любили они по гостям да по чужим людям ходить.

Едва в полдень поповские розвальни к погосту подъехали, в воротах переняла их Любовь Касимовна; заждалася она мужа да деток и вволю без них нагоревалася. Пошла она, утречком, помолившися, животинку в хлеве да на дворе покормить, – глядь, а их псы сторожевые, Орлик да Сокол, в разных концах двора лежат мёртвые... С чего им смерть приключилася? Кто их извёл и почто??.. Ума приложить не могла попадья, и сама не своя ходила, боясь, что не даром такое стряслося.

– Надо нам, поди, лихих гостей ждать!.. Как сведут у нас Сивку да

Бурёнушку, кто нас прокормит? Как до городу добираться будешь? – сокрушалась мать-попадья.

Нахмурился отец Киприан... Не за лошадь и коровку боялся он... Но в скорости одумался, что на всё – а тем паче на такие дела – воля Божья.

– Ну, как быть! – вздохнув молвил он, – не надо на людей грешить! Как знать, может Сокол с Орликом какого ни на есть зелья и сами хватили. Достанем других собак!.. А пока будем сами настороже. Авось Господь помилует?.. Во всём ведь Его святая воля!

Вошли в избу, потрапезовал отец Киприан с семьёй, а после обеда взял заступ, позвал Василько, и пошли они зарыть в землю верных сторожей своих. Мальчик плакал, прощаясь со своими добрыми товарищами, а отец его пожурил: стыдно де парню из-за псов слёзы лить!

А в избе, между тем, мать покачивая головой, говорила дочкам своим:

– Ох, ох! Недаром всё я во сне видела, что тучи, чёрные-пречёрные, над нашим жильём собираются!.. Быть над нами беде!

– А чему, по воле Божией, быть, того не миновать, матушка! Стало незачем и сокрушаться о том, над чем мы не властны!

– Только бы самим не грешить! Только бы чистыми пред Его престолом предстать! А то – будь что будет! Не всё ли едино?.. Земная жизнь не долга, а вечная – в наших руках!

– Сказано: волос не упадёт с головы человека без воли Его! – утешали мать дочери.

– А припомни, как ты нам сны свои рассказывала, – вдруг вспомнила Надежда. – Не ты ли говорила, что грозные тучи только напугали тебя, а из них великий свет исшёл и всех нас осенил?.. Вот, стало, горе-то нам к славе будет.

– Не к земной, так к небесной! – добавила Вера. – По мне так чем бы скорее Господь на нас оглянулся и в Свои обители призвал, – тем радостней.

Крики, свист, песни, пьяный хохот и резкие, задорные звуки какого-то гудка прервали речи сестёр. Шум этот в последнее время им не в диковину был; как раз против избы отца Киприана и против будущей кладбищенской церкви поселился целовальник. В праздники брага и пьяный мёд щедро лились в его притоне, а скоморошные песни и богохульные речи – ещё щедрей! Это соседство очень смущало отца Киприана, не столько для себя, как для погоста, ввиду будущего стечения рабочих на построение церкви... А целовальнику только того и нужно было. Известно, чем ближе народ, тем больше ему прибыли!

13

IX

Но в тот день уж что-то особенно расплясались и распировались в избе и пред воротами целовальника. Зимние сумерки скоро спустились, но ночка лунная была ясная. Полный месяц стоял высоко в небе, среди большущего жемчужного круга, а на земле, одетой в белые снежные саваны, всё таинственно сияло и мерцало мёртвым, холодным блеском.

Перед вечером наведались к попу ближайшие соседи, из пригорода. Старушка-мещанка со слепым сынком-подростком; старик лавочник да двое-трое калик перехожих, богомольцев, зазимовавших в Святолесске, по дороге в Киев. Приходили они проведать, не будет ли, ради праздника, священного пения у батюшки?.. Но отец Киприан лишь головой мотнул на окошко, за которым виднелась ярко освещённая изба целовальника, откуда пение и гогот неслися хуже прежнего.

– Разве ж статочно молитвенное пение при таком нечестивом гомоне? – сказал он. – Нет, православные, приходите уж вдругорядь: нынче не сподручно детям петь.

– Да им обеим и не так-то здоровится! – отозвалась Любовь Касимовна. – Они уж к себе в светёлку поднялися.

Так и разошлись охотники до "божественного" пения.

Отец Киприан спросил жену, скрывая тревогу:

– А чем неможется дочкам?.. Аль захворали?

Но она его успокоила: так де, не по себе им, а не то чтобы хворость... Просто растревожилися, должно, смертью Орлика да Сокола. Жаль их, да и брата, что плакал...

– Глядя на его слёзы, давеча, всплакнула и Надежда и заболела у неё головушка. Ну, а ведь уж ведомо, что коли у одной сестры что болит – зараз и на другую переходит! – объяснила Любовь Касимовна.

– Ну, Господь их храни! Подь, Василько, зови сестёр вечерять, помолимся да ляжем пораньше. Притомился я ноне!.. До ночи хоть отдохну, пока что, – на людях не страшно, – а там ведь надо одним глазком спать, караулить нас некому!

Сбегал Василько наверх в светлицу, застал сестёр в темноте; они лучинки не вздули, но месяц ярко светил в слюдовое оконце, и мальчик увидал сразу, что сёстры его сидели обнявшися; Надежда голову на плече к Вере положила, а Вера ей житие святых тезоименитых им и матери их, Софии, рассказывала. Слышала Вера о них от одного инока иноземного, которого сестре её не довелося послушать, и с той поры они часто беседовали о погибших в муках за веру Христову святых девах,

14

соимённицах своих, о великом их терпении в муках и блаженной кончине.

Услышав зов брата, они от ужина отказались, но к молитве сошли; помолились вместе с отцом и матерью, приняли их благословение на сон грядущий и снова ушли к себе... Брат посветил им, пока они на лестницу взошли, а когда хотел уходить, обе сестры его обняли, перекрестили и сказали:

– Что бы ни приключилось, Василько, смотри не забывай нас! Молись о нас, как и мы о тебе и о родителях наших молиться будем... Кого любовь да молитва соединяют, для тех разлуки быть не может! Запомни и перескажи эти слова наши отцу с матерью.

Рано улеглась семья отца Киприана, но долго заснуть в ней никто не мог. Сёстры наверху о сне и не мыслили; а внизу родители и рады б забыться сном, да пляс, и гам, и пьяные крики у соседей не давали покоя.

Один Василько, забравшись на лежанку, скоро и сладко уснул.

X

Меж тем кутёж и пирование напротив поповской избы до полуночи не унимались. Ещё бы! Кому на даровщинку не попируется?.. Хмельное в тот день было для всех даровое. Воевода ль, сказывали, праздник справлял, или другой кто, на мошну тароватый, мир угощал, только мёды и брага лились незапретно, и к полночи всё в лоск упилось. На версту во все стороны, кажись, человека трезвого не осталося.

Ан – так оно казалося, а на поверку бы вышло, что человек с десяток больше всех бесчинствовали, да верно меньше всех пили, – потому что лишних всех опоив, сами как будто не брагу, а чистую воду тянули: только промеж себя переглядывалися, да на своего старшова поглядывали.

А старшой-то их тот самый соколик, что утром давеча в Божьем храме побывал, – да Богу не маливался; с воеводой на паперти взглядом спознался, да словом не перемолвился; а тут, у целовальника, день-деньской пил, да не напился, – как только увидал, что на ногах никого не осталося, опричь его молодчиков, легонько присвистнул да за ворота и вышел.

Белая тишь да гладь безмолвно морозною ночью сияла.

Бугры да кресты на могилках узорными тенями погост испещряли; крест на часовне сиял будто алмазный, а тень от неё не далеко ложилась, – очень уж высоко полная луна забралась... Очень высоко. Прямо над избой отца Киприана она светло-пресветло сияла, так и разливаясь лучами и блёстками над островерхою светёлкой... В поповском жилье нигде света не было... Всё там было мирно, тихо, недвижно.

Махнул рукой набольший своим сподручным, и десяток рослых молодцов окружили его молча, глядя в светлые очи ему, ожидая воли его и приказа.

Тихо был он отдан. Крадучись по тени, под заборами, несколько человек шмыгнули к поповскому двору, перемахнули через невысокий частокол и разместились по углам, да под выходами; другие двое подхватили заготовленную под сараем у целовальника лестницу, обежали с ней на поповский задворок и приставили к оконцу светёлки.

В ту же минуту, будто по уговору, в том окошке зажелтел свет...

"Ага! Тем и лучше! – подумал Ратибор Всеславович, сбрасывая на снег свою сермягу, – видней будет, коя моя, коя дядина!"

И вмиг он на лестнице очутился.

XI

Тем временем первая дрёма только что свела зеницы отца Киприана и жены его; а сынок их, Василько, до того ль разоспался, что никак, сколь ни старался, проснуться не мог.

А проснуться бедный мальчик очень желал!

Ему привиделся дурной сон, тяжёлый! Увидал он сначала обеих сестёр своих. Увидал, что Надежда в светёлке лежит бледная, неподвижная; а Вера, над нею склонившись, сама белая да холодная, засветила свечку восковую, тихо молитвы читает, целует сестру и мысленно просит: "И меня возьми, Боже! И меня спаси и помилуй, с ней вместе, Господи милостивый, Иисусе Сладчайший".

Но вдруг светёлка пропала.

Видит Василько, будто стая голодных волков окружила их дом, смотрит на месяц и воет!.. Воет так громко, так жалобно, что во сне у мальчика сердечко сжалось от страху, заныло и сильнее забилось... Хочет он кликнуть собак. Изумляется, как же так молчат их верные сторожа? И вдруг, во сне вспоминает, что Орлик и Сокол издохли! Что сам же он зарыл их только что в землю...

Вот один волчище от других отделяется.

Размашистым, сильным прыжком очутился он под оконцем, у светёлки сестёр его; смотрит он на окно, смотрит, огненных глазиц с него не спускает, а сам но снегу хвостищем виляет, зубами пощёлкивает, кровавым языком облизывается... А вот и привстал... И за ним ещё двое

16

серых привстали, и все, крадучись, к дверям, к окнам их дома пробираются, сторожами рассаживаются. А тот, первый, самый большой, как взмахнёт с земли – и прямо в окошко!

Во сне Василько весь съёжился и жалобно застонал!.. Представилось ему, как злой волчище на сестриц его набросился; разорвал, растерзал их на части; кровью их, слезами чистыми упивается, тела их белые по кускам рвёт и мечет...

Но вдруг он, спящий Василько, так и застыл в недоумении, в восторге... Он увидал сестёр.

Вот они обе, – Вера и Надежда, – не окровавленные, не мёртвые, не растерзанные, а сияющие, радостные, блаженные!.. Облитые холодным сиянием луны, они, оторванные от земли, несутся к ней жемчужной, в светлые выси небес, сами блистая чистотой и счастьем. Летят они обнявшись, крылами алмазными взмахивают, ему с высоты улыбаются; а оттолева, из-за месяца светлого, из-за звёзд золотистых, несутся во встречу им хороводы таких же блистающих ангелов, какими они обе сделались, и поют: "Свят! Свят! Свят Господь Саваоф!.."

Так громка и торжественна стала их песнь, что Василько проснулся, вскочил и вскричал:

– Батюшка! Матушка!.. Слышите ль вы песнь ангельскую?.. Славословие великое!.. Батюшка! Видишь ли ангелов Божиих? Они к нам летят! Они Веру и Надежду встречают!

Вскинулись перепуганные отец Киприан и Любовь Касимовна.

Поп первым делом к окну бросился... Там всё казалось пусто и тихо; только ещё долетали замиравшие песни бражничавших в кабаке, и слабый свет лучины светился из окошек его.

– Что ты, что ты, паренёк?.. Бог с тобою, дитятко! – кинулись отец с матерью к Василько.

Но в этот миг, где-то сверху послышался стук и треск, будто что наверху разбивали. Попадья громко вскрикнула, а отец Киприан, обеспамятев, сам не свой бросился вон из комнаты в сени, на лесенку, в светёлку своих дочерей.

Одним взмахом руки он отпер дверь настежь и окаменел на пороге.

В окне пред ним так же, как он, неподвижен и бледен как мертвец, стоял молодой боярин Ратибор Буревод; а дочери его, одна уж остывшая, лежала на постели, а другая на коленях возле неё, не обратив даже лица на влезавшего к ним вора, властно устраняла его прочь протянутою рукой.

Эта рука и вид умершей недвижимо приковали вора-боярина к месту.

На глазах поражённого отца Вера, как стояла коленопреклонённая над умершею сестрой, так тихо, тихо к ней приклонилась и замерла, – сама мёртвая.

17

XII

Похоронили дочек отца Киприана вместе, в одной могилке, у самой церкви кладбищенской, где был намечен алтарь. Осиротела, притихла семья. Не слышно в ней стало ни лепета девичьего, ни смеха молодого, ни песен сладостных. Василько не смел не только голос подать, но даже до гуслей дотронуться. Матушка Любовь Касимовна глаз не осушала, извелась вся, да и муж её не лучше смотрел, только что явно горевать себя не допускал, от слёз воздерживался, а только бывало несчётно раз во дню тяжело воздыхал да выговаривал: "Да будет воля Господня!"

Даже к своему дорогому делу, к построению храма, будто бы обравнодушил... Не то чтобы он не желал кончить его, – желал душевно! Пожалуй ещё горячее прежнего; всю цель своей жизни полагал в постройке этой, именно оттого, что казалось ему, что как только церковь окончится, – так и он свободен будет от уз земных, и скорее всему здешнему конец придёт.

Не признавался самому себе Киприан в этих помыслах: пойми он, что всё земное счастье его не ровно на всей семье его держалось, а больше в дочерях его заключалося, он ужаснулся бы такого беззакония... Но так оно было, помимо воли его и сознания. Прежде он никогда не думал радостно о земной кончине, зная, что нужен он семье; ныне же часто ловил себя на размышлениях о соединении с умершими и боялся, что вскоре станет в тягость жене и сыну неспособностью своею к труду, к прежней деятельности.

В несколько месяцев ослабел, опустился отец Киприан, на десять лет состарился. Через месяц какой-нибудь, на Рождество Христово у службы в соборе, куда не входил он, по болезни, с самых похорон Веры и Надежды, – прихожане его не узнали.

Но у самой той обедни приключилось дивное диво.

Во время пения Херувимской, не совладал со своим сердцем Василько! Вспомянулось ему, как певал он эту песнь ангельскую вместе с сёстрами, и позабыл он отцовский наказ: не петь более в церкви с прихожанами, – вознёсся мыслью горе и запел... Запел – возносясь к ним помыслом, видя их пред духовным взором своим... Запел, – всё земное и себя самого позабыв.

И вдруг как бы трепет какой прошёл по всему народу во храме: все смолкли и слушали дивную песнь в священном изумлении... Откуда она?.. Кто это пел? Где те певцы, которых голоса составляли на земле такой небесный хор, достойный клира ангелов?..

Никто не знал!.. Никто не мог понять! Никто ничего и никого не видел, кроме бледного отрока, певшего за всех.

Василько стоял на коленях против отворённых царских дверей в алтаре; затуманенные слезами глаза его были подняты к небу, руки молитвенно сложены крестом, и пел он, вспоминая чудные голоса Надежды и Веры, за них и за себя.

Трепетными руками вознёс отец Киприан священную чашу над головой своею и не сдержал, не мог сдержать слёз, оросивших лицо его, открывших душу его к нисходившей на него благодати. Впервые почувствовал он с собою не мёртвую память о дочерях, а их живое и животворное присутствие.

XIII

С этой памятной рождественской обедни отец Киприан ожил. Ожил не здравием, а духом, – ожил к своим обязанностям, к делу. Воспрянула душой, по милосердию Божию, и Любовь Касимовна. Занялась она снова, как с дочерьми бывало, и хозяйством, и рукоделием – не для себя, так для благостыни неимущим, – ткала и пряла для нищей братии.

После водосвятия Крещенского дни стали светлеть да длиннеть; а вскоре по сырной неделе снега начали чернеть, подаваться теплу, сбегать с отдохнувшей земли. В переломе поста прилетели вешние пташки, побурели и вздулись ветви древесные, зазеленели ранние всходы.

С весной начались снова работы по постройке церкви. Стал Киприан ходить да на могилках дочек своих сиживать не только во дни их памяти, но изо дня в день, за работами наблюдая.

Повёл он деятельную жизнь, но силами видимо ослабевал; сильно кашлял, и каждый вечер, несмотря на вешнее тепло, его бил озноб, трясла лихоманка.

В светлую утреню повторилося вновь, всему миру на удивление, пение незримых певцов, в лице одного отрока Василько, певшего, ничего не замечая вокруг себя, ни на кого не глядя, но всё время видя возле себя, не въявь, а в духе, своих умерших сестёр... И когда пошёл он после того пения с кружкой, на сбор для строившейся на погосте церкви, то никому из сборщиков впереди шедших не отсыпали православные так щедро и с такою охотой.

– Как ты делаешь это, дитятко? Как можешь ты один так звонко да голосисто петь? – допытывалась у него мать.

– Не знаю, матушка! Право-слово не ведаю! – ответствовал Василько. – В памяти моей – их голоса! В душе – радостная любовь, а пред очами – их живые облики! Они сами!.. И вот я пою – и они верно поют со мною вместе, как прежде певали, а народ дивится!.. Не верит, что живы они в Господе Иисусе Христе. А ведь сказывал я тебе много раз последний их завет, когда прощались они со мною... Помнишь?.. "Кого любовь да молитва соединяют, – для тех разлуки нет!" Правду они сказывали, матушка!

– Правду, желанный мой! Правду! – глубоко вздыхала мать-попадья. – Велики дела Твои, Господи!

XIV

В конце лета поспела постройка "Выпетой" отроками, детьми отца Киприана, церкви. В праздник Успения Пречестной Богородицы освятили её. Стечение народа было огромное. Святолесский воевода и бояре, и всё духовенство, и все дьяки и приказные, со своими боярынями, и попадьями, и дьячихами, и приказничихами, съехались из города. Всем хотелося поглядеть на выпетую церковь, из подаянных грошей сложенную, и послушать пения "отрока Божие" Василько.

И пел он, и с ним пели певцы незримые чудными голосами, на дивование всему миру.

Но то было их последнее пение, во славу выпетой ими церкви, и последнее ей и в ней служение отца Киприана. После розговенья, отпостившися и отговевшися напоследок с семьёй, благочестивый иерей слёг в предсмертной хворости и более не вставал. Не долго пережила его Любовь Касимовна: по осени и её положили рядом с мужем и дочками, под сенью их трудами воздвигнутого храма.

А Василько?.. Что сталось с осиротевшим отроком?.. Он сиротой себя не считал! Оставшись на земле один, он видел и чувствовал себя всегда со своими... Он никогда не говорил о себе одном. Когда его спрашивали: "Где он был? Что делал?.. Чем он жив?.." Василько, с блаженною улыбкой на кротком лице, отвечал:

– Мы вот тут живём, возле церкви... Мы ноне на погосте пели, а завтра пойдём в собор... Живы мы. слава Всевышнему, благостью Господа нашего Иисуса Христа.

Когда ему доказывали, что он ошибается, что теперь сёстры его уж больше с ним не поют, – мальчик только усмехался и возражал, покачивая головой:

– Ой, поют! Да только я один их ноне слышу!.. Не хотим мы, чтобы все нас слышали.

Святолесцы его прозвали блаженным. Многие над ним смеялись... Но Василько долго в миру не нажил. Ушёл он в скит к старцу Евфимию. С его благословения вырыл себе келийку возле пещеры схимника; служил ему по самую смерть святого старца, а когда он скончался, Василько остался один жить в его келье.

И многие годы по смерти Евфимия соседние монахи, дровосеки в лесу, пастухи и перехожие путники, слышали на могиле его чудное пение. То "блаженный" Василько вспоминал священные напевы, которые в детстве певал со своими красавицами-сёстрами.

* * *

Так кончалась переписанная мною старая рукопись.

КНЯЗЬ-РЫЦАРЬ

Святки!.. Не кажется ли вам, что самое это слово, в наше время – анахронизм?.. Мне кажется, что оно совершенно утратило свой первобытный смысл и скоро станет нам, россиянам, совсем непонятным термином без всякого внутреннего значения. Разве есть у нас святки?.. Никаких! Особенно в столице. У нас есть зимние праздники. Время, по преимуществу, балов, визитов, выродившихся, опошлевших и всем надоевших маскарадов и расходов! Преимущественно расходов, по мелочам, на извозчиков, на швейцаров. Вот и всё!.. Даже и в захолустьях нет уже того, что бывало в прежние, сравнительно, ещё не старые времена. Где наши прежние весёлые гадания? Где вещие кольца, зёрна, кутьи и петухи – предсказатели свадеб?.. Где весёлые переодевания, шумные поездки ряженых из дома в дом, по знакомым? Где былые вторжения в семейные, тихие дома, со своим перекатным, заразительным весельем, с песнями, музыкой, пляской?.. Где наши прежние развесёлые, широкие, всероссийские святки?.. Нет их!.. "А святок уж нет и не будет уж вечно!"

Уж дети наши не верят рассказам о прежнем задушевном, непритязательном веселье; внуки его совсем не поймут.

Куда нашей бедной нынешней молодёжи – переученой, пересыщенной, не успев пожить – отжившей, – постигнуть бывшее здоровое, самобытное умение веселиться наших отцов и матерей!

Пятьдесят лет тому назад ещё бывали святки по всей Руси. Лет тридцать тому назад ещё их знавали по деревням и кое-где в дальних провинциях. Ныне сомневаюсь, чтобы сохранилось такое счастливое захолустье, где девушка в семнадцать лет мечтала бы о святочном гадании, а юноша задумывал повеселиться в ватаге ряженых товарищей.

Я помню много весёлых святок в моей молодости; помню ещё старые, деревенские святки, с "медведем и козой", с "гудочниками" и ворожеей-цыганкой; с бешеной ездой на тройках по снежным сугробам, с аккомпанементом колокольцев, бубенчиков, гармоний, балалаек, а под час и выстрелов ружейных, в встречу сопровождавших наш поезд из лесу волков, десяткам их прыгавших, светившихся ярко глаз.

То были святки!.. Настоящие разгульные, русские святки, где все дома, все семьи, все классы принимали участие. Где "господа" не гнушались переряженой в тулупы навыворот, в бороды из пакли, горбы из подушек, и лица, вымазанные пробкой и сажей, своей прадедовской прислуги; где прислуга принимала радостное участие в затеях "молодых господ", в успехе их переодевания, в полночных их гаданиях. Где, наконец, находилось время и место и кадрили, и польке, и мазурке в светлой зале, под звуки фортепиано, а не то и настоящего оркестра, и залихватской камаринской с трепаком; и мистификациям ряженых вторжений и вопрошениям судьбы с призывами пред зеркалами, в тёмных банях, суженых на полночные угощения.

Не знавали мы в те, не мудрствовавшие лукаво, времена ни гипнотизмов, ни передачи мыслей, ни явлений спиритизма, ни предсказаний медиумов, ни чтения судьбы в "астральном свете"; никаких проявлений наших нынешних, многоиспытанных, без меры теребимых чудесами времён, но бывали и тогда, – как и во все века веков, – необыкновенные, загадочные происшествия...

Один такой весьма странный случай произошёл, именно, в разгар святочного веселья, лет пятьдесят тому назад.

В одной из губерний средней полосы России, под самым губернским городом, находилось богатое имение Белокольцево, помещиков того же прозвища. В ту пору семья была большая, молодёжи в ней, особенно барышень, было много, и все прехорошенькие. Только старшая была замужем за местным начальником губернии. Это обстоятельство прибавляло много значения семье, хотя и немного, по-видимому, доставляло счастья самой виновнице этого общественного отличия. Варвара Сергеевна, рождённая Белокольцева, была скромна и непритязательна и особой сласти в титуле "превосходительства" и в том, что жандармы ей в соборе и прочих народных сборищах дорогу очищали, не видела. Близкие, да, пожалуй, что и все в городе, знали, что был у неё в девицах роман с одним молодым человеком, забракованным её матушкой, по бедности его и нечиновности, и все жалели молоденькую губернаторшу. Надо сказать правду, что муж её тут был не при чём! Он был добрый человек, весьма представительный; очень любил свою хорошенькую супругу и, женившись в скорости по приезде на место, даже не знал, вероятно, её горя.

Знакомые Белокольцевых поговаривали, что и ещё затевает Аполлинария Антоновна свадьбу: вторую дочь свою, Сашеньку, прочит за председателя палаты Щегорина; но уж такой брак всему городу на соблазн был и на осуждение: Щегорин был уродливый, тучный шестидесятилетний селадон, уморивший двух жён и, к тому же, имевший, всем заведомо, большую семью с левой руки, где сыновья уж сами были женаты. Богатство его уж очень было соблазнительно для старухи Белокольцевой!.. Жадна была до денег и честолюбива чрез меру, – всё ей хотелось из дочек своих сановниц делать и богачек.

Кроме своих детей, в доме Белокольцевых жила родственница, Марья Леонидовна Карницына, когда-то женщина богатая, но разорённая

23

неудачными спекуляциями мужа; покойный генерал Белокольцев приютил всю семью своего родственника и друга, с которым водил не только хлеб-соль во время его благосостояния, но и большие дела. Ходили слухи, что Белокольцевы не даром дали кров вдове и двоим детям Карницына; что по старым счетам генерал оставался много должен родственнику, и все были, вместе с Марьей Леонидовной, уверены, что в завещании генерала они забыты быть не могут; так как он разбогател после смерти Карницына, то легко мог уплатить вдове его долг, ему недоплаченный.

Белокольцев сам не скрывал, что имеет это намерение, но никакого распоряжения по этому делу не сделал, а потому хоть и не сладко по смерти его приходилось житьё вдовы в чужом доме, но она терпела ради детей. Дочь её училась вместе с меньшими Белокольцевыми, когда отец их скончался, а сын только что поступил в университет и теперь был уже на последнем курсе.

Жил ещё с ними, в деревне, один юноша, родственник, родной племянник покойного генерала Сергея Фомича, Юрий Петрович Белокольцев или Юша, как его все называли; не столько по юности, как по немощи его: он совсем был юродивый. Не то, чтобы сумасшедший, он всё понимал и всех знал, как знают всё и всех пятилетние дети, не более. Тихий, услужливый, молчаливый, Юша никому не мешал, а к нему все относились жалостливо, как к больному, хотя, в сущности, он был рослый, здоровый парень, лет двадцати пяти.

Несмотря на житьё в деревне, Белокольцевы вели очень рассеянную, шумную жизнь. Несколько вёрст расстояния препятствием к участию во всех городских увеселениях служить не могли; сами же они то и дело сзывали весь город на свои деревенские пиры, обставленные в ту пору всеми удобствами и всей доморощенной роскошью и хлебосольством богатого барства, на основах непоколебимого крепостничества. Аполлинария Антоновна хотя была бой-баба, суровая в отношениях к семье и к прислуге, но любила весёлую, гостеприимную жизнь, была прекрасная хозяйка и с обществом, уже не говоря про власти, всегда умела прекрасно ладить.

Наоборот всему русскому царству, Белокольцевы зиму почти всегда жили в имении; лето же проводили в поездках заграницу. Время между ноябрём и февралём проходило как в чаду, переполненное танцами, домашними спектаклями и всякими увеселениями. Святки ещё приносили с собой катания, костюмированные балы с русской и всякой пляской; гадания гуртом, со святочным пением "сенных девушек", с кутьёй и восколитием; и простые маскарады переряженных "неизвестных", – плебейские вторжения в барские покои деревенского и дворового элемента, почти так же невозбранно, как и соседей-помещиков.

Эти последние увеселения часто выходили самыми весёлыми, именно, потому, что в силу святочного закона о сохранении личностей ряженых в тайне, вносили новый интерес, принимавший порой занимательный характер загадочности. Сама Аполлинария Антоновна любила рассказывать, что, именно, в такой ряженой ватаге ей самой в молодости была предсказана и свадьба её, и многие семейные обстоятельства.

Но, именно, вследствие загадочного происшествия, случившегося в семье её в этот последний год, о котором идёт мой рассказ, – такие святочные забавы навсегда были из неё изгнаны.

Было это 27 декабря. Дом в Белокольцеве ломился от гостей. Кроме праздника общего, был день рождения и вместе именины её двух Вениаминов, – меньших сыновей, близнецов Феди и Стени, т. е. Степана. По случаю такого тройного празднества, этот день сначала считался, преимущественно, детским праздником; обыкновенно, на третий день Рождества у них бывала ёлка, но с годами, понятно, отличие это утратилось. Теперь героям дня было по шестнадцати лет. Ёлку давно бы отменили, если бы не привязанность и привычка к ней всей молодёжи, включая и её двадцатитрёхлетнее превосходительство.

– Всё равно! Надо как-нибудь проводить святки! Надо одаривать молодёжь, и прислугу, и своих, и чужих детей на праздник. Так уж пусть в этот день, по старому, и ёлки, и ряженые и, как всегда, – дым коромыслом! – решила генеральша Белокольцева.

И созвала, кроме своих, ещё человек до ста гостей, из которых многие, издалека прибывшие с чадами и домочадцами, должны были и заночевать в её прадедовских деревенских палатах.

День прошёл ещё шумнее, чем другие. Какие бы кошки у кого на сердцах ни скребли, с виду все были довольны и веселы.

А что скребли у многих на сердцах лютые кошки – в том не могло быть и сомнения... Много в этом доме, под сурдинку, разыгрывалось драм и печалей.

Начать с семьи Карницыных. Как ни работала, часто спины не разгибая, бедная Марья Леонидовна, но с великим трудом концы с концами сводила, живя даже на всём готовом. А уж как ей это готовое теперь жутко приходилось при самовластном, чванном и не совсем-то справедливом нраве хозяйки дома, – и говорить нечего! Ну, да уж что было делать? Терпела она, порой лишь ночью своей подушке поверяя свои сиротские печали... Об одном мечтала: только бы сын её на ноги стал, только бы ему курс благополучно кончить, на службу пристроиться. Всего лишала себя, чтобы его содержать, и не плакалась бы, если бы не дочка её, шестнадцатилетняя Маня, которой зачастую ей до слёз бывало жалко. Дело в том, что живя в богатом доме, на правах барышни, во всём равной "дочерям дома", хорошенькой девочке, понятно, хотелось не отставать от подруг ни в выездах, ни в туалетах; а где ж было матери набраться средств одевать её наравне с богатыми девушками?..

В детстве Маня ничего не замечала, да к тому же при жизни Белокольцева и заметить нельзя было большой разницы, потому что генерал постоянно жене напоминал и сам заботился о своих крестниках, Мане и Леониде, старшем брате её. Тогда всем им жилось лучше! Теперь было не то!.. Во-первых, с годами возрастали потребности и желания, а позаботиться об их удовлетворении было некому... Аполлинария Антоновна часто о них забывала; а уж напомнить ей – не приведи Бог! Карницына скорее бы свой язык проглотила, чем заставить его попросить у неё что-либо для себя или детей...

– Не видит, не хочет, не сознаёт своей обязанности хоть этим малым вознаградить нас за потерю всего состояния, за неисполнение воли своего покойного мужа, – ну, и Бог ей судья! Унижаться пред ней мы не будем! – решила она.

Тем не менее, горько ей бывало за дочку, а самой девочке и того хуже. Не раз глаза себе наплакивала бедняжка, отказываясь от весёлых поездок в город, от вечеров и танцев, потому что не во что было одеться. Вот и к праздникам всем шили обновки, Сашеньке, Наташе, даже десятилетней Соне Белокольцевым по три, по четыре нарядных платья; а ей мать едва одно собралась, шерстяное серенькое, сшить и приходилось им одним все праздники пробавляться дома, куда же тут о гостях думать!..

Заикнулась было Наташа матери, что "бедной Манечке надо было бы нарядное платье сшить", – что лучше бы мать ей так много не шила, а позаботилась о Мане, – так так ей за это досталось, чтобы не в своё дело не мешалась, что Наташа сама целый день проплакала. У семнадцатилетней Наташи и своё было горе, как у старших сестёр. Положим, мать не собиралась её ещё как Сашеньку, замуж "за старого урода выдавать", – но попались ей письма Наташины, из которых узнала Аполлинария Антоновна, что третья дочка её "с ума спятила": вообразила, что влюблена в Леонида Карницына и собирается замуж выходить "за эту голь перекатную!" Ну, и досталось же Наташе!

Так крепко досталось, что мать успокоилась: вообразила, в свою очередь, что так хорошо напугала "глупую девчонку", что она об этом и думать забыла; да только нет, – хитрая и настойчивая девочка была Наташа Белокольцева. Поплакать-то она поплакала, но студенту Карницыну и даже матери его тут же заявила:

– Мы оба молоды, – можем подождать. Леде будет через четыре года всего 25 лет, а мне совершеннолетие минет. Тогда я сама себе госпожа! За кого хочу – за того и выйду!..

– Полно, девочка, вздор городить! – возразила ей печально Марья Леонидовна. – Куда тебе с матерью бороться?.. Да и по правде, чем вы жить с Ледей станете?.. Не к той жизни ты привыкла, чтобы быть женой бедного чиновника!

– Мы и не будем совсем очень бедны: у нас у каждой по сто тысяч приданого. Разве это мало? Я как совершеннолетняя потребую выдела – и всё тут! – резонно решила Наташа.

Но от слов – за спиной матери, – до настойчивой борьбы с ней, в продолжении нескольких лет – далеко! Мать и сын это хорошо понимали. Потому-то Леонид Алексеевич и ходил в этот свой приезд на праздники к матери как в воду опущенный, молчаливый и сумрачный. Не будь её, – Наташи, в Белокольцеве, студент ни за что бы не оставался в деревне и дня. Но ради её присутствия сдерживался и старался даже сохранить наружную весёлость, принимая участие во всех домашних затеях и увеселениях Аполлинарии Антоновны.

27 декабря громадная ёлка горела в столовой, вкруг неё готовился ужин; в другой зале танцевали свои и гости, в половину ряженые, и, то и дело, наезжавшие новые партии замаскированных. Огромный орган, рояль и доморощенный струнный оркестр, ещё существовавший в этом старом барском гнезде, чередовались непрерывно. В гостиных сидели почётные гости, старики и старушки; губернатор, начальник местных войск, председатели разных палат и прочие сановники играли в бостон во внутренних комнатах, подальше от шума. Один Щегорин не садился играть, предпочитая "любоваться молодёжью"; он страшно надоедал ей, злил бедную Сашеньку, а от других, особливо от бойкой Наташи, терпел всякие насмешки, стараясь их не замечать и приятно улыбаться. Женихом он ещё не был объявлен, но всё к тому шло, невзирая на слёзные протесты намеченной им невесты. Ещё в это самое утро ей крепко досталось за то, что она швырнула в форточку букет, присланный из оранжереи старого селадона.

В самый разгар пляса доложили, что приехало ещё трое саней с ряжеными. Музыкантам приказано было заиграть марш, двери в переднюю широко отворились, все высыпали встречать вновь прибывших, и они, пара за парой, вошли в залу...

Несмотря на маски и костюмы, разумеется, все эти турки, бояре, цыгане и паяцы, очень скоро были признаны за добрых, хотя и не очень близких знакомых, за городскую молодёжь; двоих только, вместе вошедших, никто не признавал: капуцина в коричневом капюшоне с бородой и чётками в руках и красивого осанкой маркиза, напудренного и в такой чудной маске, что она казалась открытым лицом. Все так и решили, что это живое, слегка подкрашенное лицо, только дивились глазам: они были блестящи и глубоки, но как-то жутко неподвижны; словно смотрели не видя или были сосредоточены на какой-либо упорной мысли, не замечая ничего внешнего...

Никто положительно не знал этого горделивого, без страстного с виду и недоступного красавца, костюмированного petit maitre'ом времён Екатерины II. Решили, что это какой-нибудь проезжий, увлечённый знакомыми в весёлую святочную поездку. Вначале на него обратилось общее внимание, но он так упорно молчал, был так странно, не по времени и не по месту, холоден и неподвижен, что всем вблизи от него становилось жутко до страха, и все перестали с ним заговаривать...

Зато товарищ его, капуцин, очень скоро привлёк всеобщее внимание. Он выказывал замечательное знание способностей, тайн, даже помыслов всех его окружавших. Он сделал несколько таких удачных замечаний, два-три предсказания присутствовавшим, до того метко их касавшихся, что громкие возгласы слышавших их привлекли целую толпу. Многие бросили танцы и ходили, заинтересованные странными незнакомцами, из комнаты в комнату, вслед за ними, слушая их, делая предположения, стараясь узнать капуцина по голосу, – но и голос его положительно был незнаком никому.

Оба оказывались совершенно никому неизвестными.

Тем лучше!.. Молодёжь была в восторге. Слушала, дивясь, капуцина, любовалась молчаливым маркизом и, наконец, увлекла их из пределов молодого царства в покои, где находились пожилые гости.

Подростки, свои и чужие, бежали впереди и, как водится, шумели больше всех. Соня Белокольцева, завидев мать, беседовавшую с сановными, не игравшими в карты, гостями, закричала ей издали:

– Мамочка! Мамочка!.. Послушайте монаха! Какой у нас интересный монах!.. Такой умный! Всё знает!

– Мне сказал, что я буду моряком как дядя, – кричал Стеня.

– А мне предсказал, что я могу быть хорошим живописцем, если не стану лениться! Сам узнал, что я рисовать люблю! – передал Федя.

– А Наташе сказал: будьте твёрды! Не изменяйте тому, кого любите, и будете счастливы! – прервала меньшая сестра.

Аполлинария Антоновна сдвинула брови.

– Не очень же мудр ваш монах, чтобы такие советы детям подавать!

– А что ж! – отозвалась Наташа, задетая за живое, – он и Сашеньке добрый совет дал! Он сказал: "Будьте самостоятельней!.. Пожалейте себя, если другие вас не жалеют!.." Отлично сказал!

– Он ещё ей предсказал, что она в будущем году выйдет замуж за кого-то незнакомого теперь, – прибавила Соня.

И все наперерыв начали докладывать другие речи мудрого капуцина, отнюдь не нравившиеся хозяйке дома.

Она посмотрела украдкой на Щегорина, щурившегося на молодёжь и улыбавшегося приторной улыбкой, будто ничего неприятного не слыхал, и перевела сердитый взор на приближавшихся капуцина и маркиза. Но вдруг глаза её встретились со взглядом последнего, и она вздрогнула. Холод мурашками прошёл по спине её. Она сама не знала, что, именно, поразило её в этом взгляде, в этом, будто, знакомом, неподвижном лице, но с нею что-то положительно творилось особое... Совсем непривычная растерянность, даже робость овладели ею. Она не знала, что ей сказать, куда деваться от этих глаз.

– Прекрасные костюмы! Очень интересные маски! – проговорил Щегорин одобрительно, но в ту же секунду осёкся и умолк, как обожжённый.

Капуцин очень ласково ему заметил:

– Зачем ты здесь скучаешь, старичок?.. Сидел бы лучше да поминал старину со своими сверстниками – дедушками да бабушками.

И, покачав укоризненно головой, в общем неловком молчании, наступившем после взрыва худо-сдержанного смеха между молодёжью, прибавил, изменив ласковый голос на суровый.

– Стыдись, старик! Чего кичишься богатством, да ещё не своим? Двух жён уморил, – третью хочешь взять, чтобы в гроб уложить?.. Сам бы лучше о часе смертном помыслил, о душе своей подумал!.. Когда опомнишься? Когда перестанешь родного сына обирать, пользоваться его добротой?.. За его уважение сыновнее, тобой не заслуженное, ты его разоряешь?.. Его материнским богатством пыль глупым людям в глаза пускаешь, корыстных баб обманываешь?.. Ещё раз – стыдись! И спеши покаяться. Тебе под семьдесят, – смерть не за горами.

Трудно передать впечатление этого сурового наставления. Смех замер; даже на лицах молодёжи было недоумение. У Щегорина лицо позеленело, и нижняя челюсть тряслась в его напрасных попытках засмеяться или что-нибудь ответить. Велико было общее поражение, но сильней всего преобладало в обществе удивление необъяснимому молчанию хозяйки дома, позволявшей так оскорблять в своём доме избранного ею жениха своей дочери. Все смотрели на неё в недоумении, некоторые в страхе, ожидая, что будет.

А Белокольцева стояла неподвижно и молча, будто под влиянием какого-нибудь наваждения, так что её можно было принять за окаменелую, если бы не глаза её, беспокойно бегавшие во все стороны, чтобы не встречаться с пристально устремлённым на неё взором молчаливого спутника словоохотливого капуцина...

Вдруг последний обернулся, ища кого-то глазами в толпе, их окружавшей, и поманил Леонида Карницына издалека. Тот подошёл смущённый.

— Вот хороший молодой человек! — сказал капуцин и положил руку на плечо студента. — Трудолюбивый, честный!.. Прекрасный жених для любой девушки... Тем более, что, ведь, он только теперь несостоятелен, а скоро, очень скоро получит наследие своего отца...

Капуцин перевёл взгляд на заметно бледневшую хозяйку дома и с особенным значением договорил:

— Он сам не знает, да, вероятно, не знаете и вы, что в той письменной шкатулке, которую покойный Сергей Фомич Белокольцев передал его матери перед смертью, заключается часть достояния, потерянного его отцом... Да! Да, молодой человек!.. Поищите в ней! Скажите матушке, осмотрите сегодня же с нею шкатулку — и в ней найдёте своё благосостояние, в потайном ящике.

— О, Господи!.. Да что ж это?.. Неужели вправду?!.

Все повернулись по направлению, откуда раздался этот возглас. Там Марья Леонидовна, схватившись рукою за стул, чтобы не упасть, другою закрыла глаза, ослеплённые мгновенной надеждой.

Вмиг Наташа уже стояла, обнимая её и шепча:

— Пойдём! Пойдём, голубушка, посмотрим!.. Откуда ж знать ему, что папа дал Леониду шкатулку? Если он это знает, значит всё знает!

А между тем, капуцин, склонившись к уху Аполлинарии Антоновны, прошептал ей внушительно:

— Письмо имело дубликат, а при нём вексель... Пора, пора покаяться!.. Помни и ты час смертный!

Кто стоял близко, те слышали эти странные слова и ужаснулись перемене лица Белокольцевой. Ни одного слова не возразила она капуцину, а вся помертвев, опустилась на стул и закрыла лицо руками, поникнув головой.

Все внутренне волновались ужасно, но, вместе с тем, какой-то необъяснимый гнёт лежал на всех. Будто чьё-то холодное веяние оледенило всё общество; даже дети и молодёжь присмирели, в недоумении глядя на странную пару "ряженых".

Молчавший всё время высокий красавец с окаменелым лицом, наконец, отвёл глаза от хозяйки дома, медленно повернулся и пошёл, увлекая за собой и капуцина. Большинство последовало за ними, а с оставшихся возле хозяйки будто разом снялось онемение. Все заговорили: "Кто такие? Что за странные, дерзкие люди? И откуда набрались они смелости смутить всё общество! Напугать "дорогую Аполлинарию Антоновну" какими-то глупыми речами!.. Надо узнать! Надо просто заставить этого капуцина снять маску. Потребовать от него объяснения, извинений!.."

Пока вокруг ещё не пришедшей в себя Белокольцевой суетились почётные гости, на другом конце залы раздались крики, суета ещё большая, и все туда бросились, не исключая самой генеральши, дрожащей и бледной. Там, среди расступившейся в страхе детворы и молодёжи, распростёртый на полу лежал капуцин, покинутый своим товарищем... Что случилось? Почему ему сделалось дурно? Куда девался "маркиз"?.. Никто ничего не понимал и рассказать не мог, хотя все говорили разом.

Они шли вместе, потом "маркиз" оставил "капуцина", которого со всех сторон задерживали расспросами, и один пошёл вперёд... Но только что толпа их разделила, и маркиз вышел, – кажется, вышел, – куда? кажется, в переднюю... Одним словом, едва его не стало с ним рядом, капуцин зашатался, и прежде, чем успели его поддержать, упал на пол и лежал, очевидно, без чувств...

– Так скорее же сымите с него маску! Дайте воды! – наконец, нашлись некоторые. – Воды!.. Одеколону!.. Спирту, скорее!

"Ага! Вот теперь-то мы узнаем, кто этот штукарь!" – в то же время, порадовались многие, бросаясь разоблачать интересного всезнайку, красноречивого обличителя и оракула.

Впереди всех была Аполлинария Антоновна. Робости теперь в ней не было и следа! Она пригнулась к бедному, беспомощно лежавшему капуцину; своими руками отбросила с головы его капюшон, сорвала седую бороду, сдёрнула маску... и отступила, вместе с другими, не веря своим глазам.

Перед ней было бледное, кроткое лицо Юрия Белокольцева, её безобидного идиота-племянника...

– Юша!.. Юша Белокольцев?.. – со всех сторон раздались изумлённые и разочарованные возгласы. – Вот уж не ожидали!

– Да откуда же набрался он смелости? Откуда вдруг заговорил так уверенно?.. Откуда знал?

– Юрий?.. Может ли быть?.. Да, ведь, он говорил совсем другим, не своим голосом! Что ж это за чудо?

"Что за чудо? именно!.. Откуда этот юродивый мог узнать о письме?.. И... и неужели он сказал правду о шкатулке мужа!?. – размышляла, стоя над бесчувственным юношей, генеральша и вдруг вздрогнула, вспомнив. – А где же тот?!. Куда тот девался?!."

"Того" не было нигде... Как ни искали маркиза, как ни расспрашивали о нём людей, кучеров: никто не видал никакого ряженого, никто о нём ничего не знал...

Маркиза словно не бывало, словно он растаял или испарился.

"Капуцина", между тем, отпаивали, наливали ему на голову разные уксусы, привели, наконец, в себя. Первым делом его было, вернувшись к сознанию, сесть, окинуть всех недоумелым взглядом и спросить, болезненно глупо улыбаясь:

– Как же это я здесь заснул?.. Я, ведь, лёг там, у себя, наверху!.. Кто ж это меня сюда... прив... положил?

Он встал, осмотрел себя с удивлением и, видимо, ничего не понимал: ни в своём наряде, ни в том, что лежал на полу, в зале, полной гостей. Сколько его не расспрашивали, он ничего не мог сказать, ничего не помнил, кроме того, что когда в его комнатку, под крышей, прибежали "мальчики со своими гостями", принесли вороха разных костюмов и стали переодеваться, объяснив ему, что "нарочно, по секрету, забрались к нему", – чтобы никто не знал, что они "наряжаются", – он видел "эту монашескую ряску" и подумал, что "нарядится в неё после, – если никто её не возьмёт"...

– Ну, а после что было? – приставали к нему.

– После?.. После мальчики ушли, а я... я на постели лежал... и, кажется, уснул...

– А как же ты здесь-то очутился?.. Зачем говорил разные разности?.. Нам всем и маме? – допрашивали дети.

– Маме?!. Тётушке?!. – очевидно испугался юродивый. – Не знаю!.. Я ничего, право, ничего не говорил!

Больше от "красноречивого капуцина" толку не добились.

Генеральша Белокольцева первая отошла от него, полная тяжких забот. Те глаза её преследовали!.. Она знала их. Она знала всё лицо и всего человека той загадочной "маски"!.. Она всё больше в том убеждалась, и убеждение это леденило ей сердце: эта исчезнувшая бесследно маска была олицетворением князя Однорукова, – "князя-рыцаря", как был прозван, в преданиях их семьи, этот рано умерший красавец, отец её отца!.. В таком придворном костюме конца XVIII века он был изображён на полотне и ныне существовавшем в галерее их семейных портретов, находившейся в родовом имении её родичей, князей Одноруких. Она с детства знала, с детства боялась этих спокойных, гордых, как сталь холодных глаз "деда-красавца", деда, не даром оставившего по себе память гордого, "в чести непреклонного, князя-рыцаря"... Так говаривали ей в детстве все родные и её отец, пристыжая и убеждая, что нечего ей бояться прямого, пристально в душу глядевшего даже с портрета, взора отца его.

И вот теперь, в старости, она увидела этот взор наяву!

"Это он! Он научил этого нищего духом, этого блаженного Юшу! Он упрекал меня и приказывал каяться!"

Об этом всю ночь пробредила и промучилась Аполлинария Антоновна Белокольцева. Наутро она встала словно на десять лет состарившись, и сама никому не сказавшись, направилась в комнату Карницыных. Одного взгляда на Марью Леонидовну, детей её и на счастливое лицо её Наташи, было достаточно, чтобы убедиться в истине открытого им вчера: покойный муж её, скончавшись внезапно, не успел составить духовной, но успел передать свою шкатулку в подарок сыну своего друга и партнёра в делах. Карницыны думали, что это просто подарок на память, – умерший не имел сил им сказать, что писал отсутствовавшей жене о своём долге им; что в шкатулке есть потайной ящик, а в ящике вексель его на 50 тысяч и дубликат его письма...

Капуцин сказал святую истину. Он обеспечил Карницыных от нужды, а Белокольцеву спас от тяжких грехов. В том же году обе дочери её вышли замуж: Наташа за Леонида, а Сашенька за Щегорина же, да только за молодого, – не за отца, а за его богатого сына.

ЗАВЕЩАНИЕ

Святочный рассказ

I

Это странное дело случилось не так давно; но мало кто знал о нём, и по невозможности дать рациональное объяснение фактам, те, кто знали, предпочли предать его забвению. Но мне сдаётся, что именно такие-то неразгаданные случаи и не следовало бы забывать.

Дело было зимою, перед самыми святками. Иван Феодорович Лобниченко, нотариус, которого контора находится на одной из главных улиц Петербурга, был спешно призван, для засвидетельствования духовного завещания, к смертельно больному.

Больной собственно не был клиентом Ивана Феодоровича; в других обстоятельствах он пожалуй и отказался бы от позднего визита после утомительного рабочего дня... Но умирающий был сановник и миллионер, а таковым ни в жизни, ни в смертные часы тем более, отказов не полагается.

Лобниченко захватив писца и всё нужное, со вздохом почесал за ухом и, отложив мечты о прелестях его ожидавшего винта, – отправился к больному.

Генерал Юрий Павлович Дрейтгорн был плох: самые милосердные врачи не давали ему и нескольких дней жизни, когда он окончательно решился уничтожить завещание, давно им составленное, не здесь, а в том губернском городе, где он царил многие годы.

Генерал приехал в столицу на время, – а слёг вероятно навсегда.

Таково было мнение докторов и большинства его окружающих; сам же больной не хотел этого признавать... Это был сильный духом, а некогда и телом, высокий, бравый старик, с энергичным лицом и глубоким, властным взглядом, которые забыть было трудно, хотя бы раз их увидав.

Он лежал на диване в роскошной, по гостиничному, квартире, составленной из трёх лучших номеров меблированных комнат. Он встретил нотариуса довольно бодро. Сам рассказал ему в чём дело, хотя порою останавливаясь от приступов боли, с трудом перемогал стон, готовый вырваться несмотря на все усилия. В эти тяжёлые минуты Иван Феодорович поднимал на него заплывшие жиром глазки, и вся его маленькая фигурка сочувственно корчилась, невольно симпатизируя страдальцу. Как только этот мужественный, на жизнь и смерть бившийся со страданием, человек пересиливал его, опускал руку от лица, искажённого болью, и тяжело переведя дух, – принимался снова объяснять свою волю, Лобниченко опускал глаза и весь превращался в слух и внимание.

Генерал обстоятельно объяснил нотариусу. Он был женат два раза, имел троих детей: сына и дочь от первого брака, давно совершеннолетних, и девятилетнюю дочь от второй жены. Он ждал этих двоих каждый день: они были заграницей, но должны были теперь скоро быть здесь... Вероятно, приедет и старшая дочь.

Нотариус не знал семьи Дрейтгорна, он и его видел впервые, – хотя, как все в России, знал его по репутации; но по тону сдержано презрительному или жалостливому, когда он говорил о жене своей и младшей дочери, он сразу догадался, что генерал в семейной жизни не совсем счастлив... Дальнейшие слова больного его в том удостоверили. Нужно было составить новое завещание, совершенно противное первому, написанному шесть лет тому назад и дававшему Ольге Всеславовне Дрейтгорн неограниченные права над их малолетней дочерью и всем наследством мужа. Он почти целиком, за исключением родового имения, которое считал себя не в праве отнять у сына, завещал всё благоприобретённое жене и младшей дочери, – в том, первом завещании. Теперь же желал восстановить забытые им права старших детей, в особенности дочери своей, Анны Юрьевны Борисовой, о коей в первом документе и речи не было.

Ныне, кроме седьмой, вдовьей части недвижимого состояния, он все свои земли и капиталы делил между детьми своими поровну; а над имуществом малолетней – Ольги Юрьевны, назначил самую строгую опеку.

Завещание было составлено, записано, засвидетельствовано как следует, за подписью троих свидетелей и, по желанию генерала, оставлено у него.

– Я вам его отошлю на хранение, – сказал нотариусу Юрий Павлович, – у вас оно будет сохранней, чем здесь в моём временном помещении. Но прежде я желаю прочесть его жене и... и старшей дочери, если... если она успеет приехать.

Нотариус и священник, бывший одним из свидетелей, готовы были уж раскланяться, когда в коридоре раздались голоса и шаги; в дверях показалась голова камердинера, поспешно вызывавшего доктора: приехала, оказывалось, не предупредив никого телеграммой, барыня-генеральша.

Домовой доктор поспешил выскользнуть из комнаты больного; он

35

боялся для него волнения, надо было предупредить жену его об опасности положения... Но больной заметил суету, его трудно было уберечь от жизненных тревог.

– Что там случилось? – спросил он, – что вы мямлите, Эдуард Викентьевич? Говорите в чём дело? Не дочь ли?..

– Ваше превосходительство, прошу вас, поберегите себя! – начал было доктор, как видно хорошо знакомый с домашними обстоятельствами генерала, а потому боявшийся за встречу супругов. – Это ещё не Анна Юрьевна...

– Ага! – оборвал его больной, – приехала... Ну, что ж! Пусть идёт сюда. Только... Только маленькой, – дочери я бы не хотел... сегодня...

В глазах его выразилось страдание, на сей раз не физическое.

Дверь отворилась, о неё засвистело шёлковое платье... Высокая, полная, очень красивая женщина показалась на. пороге и, взглянув на изможденное лицо, презрительно усмехавшееся ей навстречу, – в одну секунду очутилась возле генерала, на коленях, у ног его на ковре, и припав к нему, заломила руки, отчаянным шёпотом повторяя:

– O! Georges! Georges! Est-ce bien toi, mon pauvre ami?..

Трудно было бы определить разнообразные, быстро сменявшиеся на лице больного оттенки чувств, вздымавших грудь его и заставлявших его богатырское сердце метаться и трепетать до боли. Негодование и жалость, сострадание и презрение, гнев и печаль – всё вылилось в озлобленном, коротком и резком смехе и в двух словах, которые у него вырвались при виде девочки, его дочери, несмело вступившей вслед за матерью в комнату.

– Не учите лгать! – глянул он по её направлению и с сострадательной гримасой отвернулся к стене.

Нотариус и священник поспешили раскланяться и удалиться.

– Ах, грехи! грехи! – шептал последний, сходя с лестницы.

– А что, – спросил Лобниченко, – нелады, видно, между супругами?

– Уж какие лады, когда сюда приехал развода искать! – прошептал батюшка, нахлобучивая меховую шапку. – Да, вот, Бог иначе судил: и без развода навеки разъединятся в сей жизни!

– А мне сдаётся не так он безнадёжен... Сложение богатырское!.. Может и вытянет! – предположил законник.

– Во всём – Бог! – пожал плечами батюшка.

И они разошлись.

II

– Оля! – позвал, не поворачиваясь, больной и, почувствовав возле себя поспешное движение жены, устранил её нетерпеливым движением руки и прибавил, – не вы! Дочь.

– Olga! Подойдите, дитя моё! Папа? вас зовёт, – поспешите! – нежным голосом, по-французски обратилась генеральша к девочке, растерянно стоявшей среди комнаты.

– Нельзя ли оставить иностранные фразы! – сердито прикрикнул генерал. – Здесь не салон... Можно бы... из приличия!

Голос его сорвался на визгливой нотке и заставил девочку вздрогнуть и заплакать. Она несмело подошла...

Отец поглядел на неё тоскливо.

Взял её руку левой рукой, а правую поднял, чтобы благословить её.

– Во имя Отца и Сына, и Святого Духа, – шептал он, отчётливо крестя её большим крестом, – Господь храни тебя... от зла! От всего дурного... Будь доброй, честной... Главное: честной! Никогда не лги! Боже сохрани тебя от неправды, от лжи пуще, чем от всякого горя...

Слёзы заволокли глаза умиравшего. Маленькая Оля дрожала всем телом; она боялась отца и вместе так его жалела! Но жалость превозмогла, – она припала к нему, обливаясь слезами. Отец поднял руку, хотел перекрестить ещё раз её голову, лежавшую у него на груди, но не смог докончить креста. Рука его тяжело упала, лицо вновь исказилось страданием; он повёл глазами, на окружающих, очевидно, избегая встретиться взглядом с женой и прошептал:

– Уведите!.. Не надо. Христос с ней!

И на мгновение он ещё нашёл силы положить руку на головку дочери.

Доктор взял девочку за руку, но мать её быстро к ней склонилась.

– Baisez donc la... Поцелуй же руку папа́! – спохватилась она. – Простись с ним...

Генеральша захлебнулась и закрыла лицо платком величественным жестом театральной королевы. Больной не видел этого. При звуке её голоса он сдвинул брови и крепко зажмурил глаза, стараясь не слушать. Доктор увёл девочку и сдал её в другой комнате гувернантке.

Когда он вернулся к больному, тот, лёжа на диване, всё в той же позе, не глядя на стоявшую у изголовья жену, говорил ей:

– Я жду свою бедную, из-за вас обиженную Анюту... Я у неё просил прощения. Я её умоляю быть матерью своей сестре... Её я назначаю опекуншей. Она хорошая, честная. Злу не научит... Да и вам так лучше! Вы обеспечены... узнаете из новой духовной. Выгод от опекунства, по ней, вы иметь не могли бы! Если Анна не захочет взять Олю к себе, воспитывать со своими детьми, как я её прошу, – Ольга будет отдана в институт. Вам свобода милей и нужнее дочери!.. Не правда ли?

Презрение и горькая насмешка звучали в его голосе.

Жена не возражала ни полусловом. По её неподвижности можно бы подумать, что она его не слышит, если бы её не выдавало судорожное подёргивание рта и пальцев крепко сжатых рук.

Домовый доктор хотел было снова скромно удалиться, но его остановил призыв генерала.

– Эдуард Викентьевич?.. Здесь он?

– Здесь, ваше превосходительство!

Он нагнулся к больному.

– Не угодно ли вашему превосходительству перейти на кровать? Лёжа, право, будет легче...

– Умирать?.. – резко прервал генерал. – Что чушь порешь?.. Знаешь, что терпеть не могу кровати, одеял!.. Отстань!.. На-ко вот, возьми, – он подавал ему сложенный вчетверо лист гербовой бумаги, лежавший рядом с ним, – прочти, пожалуйста!.. Громко!.. Чтобы знала.

Он повёл глазами на жену.

Неохотно взялся доктор за исполнение неприятного поручения. Он был человек деликатный, и хоть генеральша не стояла во мнении его особенно высоко, но она всё же была женщина... И женщина прекрасная... Он предпочёл бы, чтобы она от другого узнала, как много житейских благ отходило от неё в силу нового завещания генерала... Но делать было нечего! Прекословить Юрию Павловичу всегда было трудно; теперь же совершенно невозможно.

Ольга Всеславовна прослушала чтение духовной в совершенном спокойствии. Неподвижно сидела она, опрокинувшись в кресле, опустив глаза и лишь выказывая волнение в те минуты, когда муж её не в силах был сдержать стона. Тогда она поворачивала к нему своё бледное, красивое лицо, с явными признаками сердечного соболезнования и даже порывалась оказывать ему помощь. Больной нетерпеливо отклонял её услуги, каждый раз многозначительно поводя глазами и бровями на доктора, читавшего его последнюю волю, будто хотел сказать: "Слушай, слушай! Тебя касается!"

Касалось, – что говорить!

Генеральша Дрейтгорн узнала, что вместо стотысячного годового дохода, на который имела право надеяться, может рассчитывать только на безбедное существование, что в её понятиях равнялось нищете.

Доктор докончил чтение, откашлялся, чтобы скрыть смущение, и медленно свёртывал документ.

– Слышали? – спросил генерал хриплым, отрывистым голосом.

– Слышала, мой друг! – спокойно ответила ему жена.

– Ничего не имеете сказать?

– Что ж я могу сказать? Ты в праве распоряжаться своим имуществом... Только... я всё же...

– Всё же?.. Что? – резко спросил муж.

– Всё же надеюсь, мой друг, что это не последняя твоя воля...

Дрейтгорн обернулся, даже сделал усилие привстать на локтях.

– Ты, даст Бог, поправишься. Быть может тебе не раз ещё придёт охота иначе распорядиться! – хладнокровно продолжала генеральша.

Больной упал на подушки.

– Ошибаетесь!.. Хоть бы я и не умер, – более вам меня не морочить! Это моя последняя воля! – прохрипел он.

И дрожащей рукой подал доктору связку ключей.

– Пожалуйста!.. Вон шкатулка... Заприте, спрячьте духовную.

Доктор исполнил его желание, не глядя на Ольгу Всеславовну. И она не смотрела на него. Пожав плечами на последние слова мужа, она осталась невозмутима и чужда всему, кроме его страданий. Страдания его, казалось, её терзали!..

Зато умиравший не спускал тревожных глаз с доктора, и как только тот запер большую дорожную шкатулку, он протянул к нему руку за ключами.

– Пока жив, – у меня будут! – промолвил он, пряча всю связку в карман... – А как умру, – тебе поручаю их, Эдуард Викентьевич. Сбереги, в последнюю услугу.

Он опять отвернулся к стене.

– А теперь – дайте покой!.. Боль отступила, может засну... Уйдите!

– Мой друг! Позволь мне остаться возле тебя! – промолвила было генеральша, склоняясь нежно к мужу.

– Уйди! – резко крикнул он. – Дай покой, говорю.

Она встала, шатаясь.

Доктор поспешно подал ей руку. Она вышла, опираясь на него, снова трагически прикрыв платком глаза.

– Успокойтесь, ваше превосходительство! – сочувственно шептал доктор, плохо сам сознавая, что говорит его язык. – Вот здесь приготовлены вам комнаты... Вам ведь тоже нужен отдых, после такого долгого пути...

– О! Я о себе не думаю!.. Мне так его жаль!.. Бедный, бедный безумец!.. Много я от него вынесла! Он такой подозрительный, такого тяжёлого характера... И странностей у него бездна!.. Вы знаете, доктор, мне иногда положительно казалось, что он не совсем здрав...

– Г-м! – кашлянул врач.

– Хотя бы эта странная перемена завещания! – продолжала генеральша, не дождавшись более определённого сочувствия. – Это обращение со мною... За что?..

– Да... Это весьма печально! – пробормотал врач.

– Скажите, доктор: он ждёт своих детей?

– Только Анну Юрьевну! Только её одну. Она обещала приехать со старшими детьми... Ещё вчера была телеграмма. Целый день ждали...

– Скажите!.. Откуда внезапная нежность? Десять лет не видались... Может быть и супруга её ждёт? Зятя своего, этого азбучника? – презрительно осведомилась генеральша.

– Нет! Где же? Человек служащий... И сын тоже, Пётр Юрьевич: не могут тотчас приехать! В командировке, в Закаспийском крае... Даль!

– Да, далеко! – согласилась генеральша, очевидно занятая другими мыслями. – А скажите, Эдуард Викентьевич, эта новая духовная... давно она написана?

– Только сегодня. Только сегодня-с. Черновая была заготовлена на прошлой неделе; но генерал всё медлили. А тут, как с утра сегодня приступили эти боли...

– Последние? Опасные? – перебила Ольга Всеславовна.

– Крайне!.. Признаки весьма дурные... Как они появились, Юрий Павлович поспешили послать за нотариусом... Вы ещё его застали здесь.

– Да!.. А та, старая, прежняя духовная значит уничтожена?

– Н-не знаю-с... Но не думаю... Ах! Нет, нет, я и забыл: генерал собирались телеграфировать.

– Да?.. Телеграфировать?

Генеральша пожала плечами, грустно покачала головой и прибавила:

– Он так переменчив! Так переменчив!.. Впрочем, я думаю, что всё равно: ведь, кажется, по закону имеет силу последнее завещание?

– Да-с. Несомненно – последнее.

Генеральша поникла головой.

– Мне что обидно! – с горькой улыбкой зашептала она, очень близко склоняясь к молодому врачу и очень сильно налегая на его руку. – Мне что обидно, – не деньги! Я не корыстолюбива. Но зачем же отымать у меня дочь?.. Зачем, помимо родной матери, поручить её полусестре?.. Женщине, которую я не знаю, которая никакими заслугами, ни добродетелями, кажется, не отличалась! Я буду оспаривать!.. Я на это не соглашусь! Закон должен вступиться за право матери!.. Как вы думаете, доктор?

Доктор поспешил согласиться, хотя поистине, ни о чём в ту минуту не

40

думал, кроме странной манеры красивой генеральши, разговаривая, так... неудобно близко склоняться к собеседнику.

В эту секунду раздался звонок и громкий голос генерала.

– Доктор! Эдуард Викентьевич!

– Здесь! – отозвался врач.

И оставив Ольгу Всеславовну на пороге её комнаты, он рысцой побежал к больному.

"Для умирающего – здоровый голос!.. Кричит, как на смотру бывало!" – подумала генеральша.

И красивое лицо её сразу подурнело проступившей на нём ненавистью.

Это было мимолётное выражение однако; оно очень быстро заменилось печалью, когда она увидала выходившего от больного камердинера.

– Что с барином, Яков, хуже?

– Нет-с, Бог миловал. Приказали подать к себе ближе шкатулку, и отворить её велели Эдуарду Викентьевичу. Какую-то телеграмму ещё писать желают.

– Ну, слава Богу, что не хуже... Яков! Я тоже сейчас посылаю на телеграфную станцию своего курьера, можете ему отдать и телеграмму генерала...

– Слушаю-с.

– Да вот ещё что: я ложиться не буду, – чуть что с барином, Бога ради, сейчас ко мне в дверь постучитесь, Яков!.. Я вас прошу – в ту же минуту скажите мне!.. Вот вам, Яков, возьмите... Вы даже похудели от трудов за болезнь барина.

– Покорнейше благодарю, ваше превосходительство. Мы трудов своих жалеть не должны! – объяснил лакей, пряча крупную ассигнацию.

III

Против ожидания ночь прошла довольно спокойно. Волнения и усталость взяли своё: Ольга Всеславовна, как ни крепилась, к утру крепко заснула; а когда проснулась, то перепугалась тому, что позднее солнце ярко светило в окна.

Горничная, ловкая немка из Вены, пять лет не покидавшая этой сподручной ей барыни, успокоила её тем, что барину лучше; что он ещё почивает, почти всю ночь не спав...

41

– Доктор при них и Яков до свету работали! – объявила она. – Разбирали они разные бумаги: иные связывали, что-то надписывали; другие рвали или в камин бросали. Полна решётка пепла. Яков сказывал.

– А телеграмм других не было?

– Не было больше, Яков и наш Фридрих сейчас бы меня окликнули, – я ведь вот тут, в буфетной прикурнула, оба они то и дело пробегали, на посылках. Но телеграмм кроме тех, что с вечера посланы, больше не было.

Ольга Всеславовна оделась, позавтракала и пошла к мужу. Но на пороге его комнаты её ждало распоряжение больного: без особого зова никого, кроме доктора и старшей дочери его, если бы она приехала, к нему не впускать.

– Вызовите Эдуарда Викентьевича! – приказала генеральша.

Домашний доктор был вызван и со смущением подтвердил приказание генерала.

– Но быть может он не думал, чтобы такое распоряжение могло меня касаться? – изумилась она.

Доктор извинялся, но должен был сознаться, что она-то именно и была названа, что его превосходительство именно просил передать её превосходительству, чтобы она не беспокоилась его навещать.

– Он помешался! – кротко, но с убеждением заявила генеральша, пожав плечами. – Откуда такая ненависть? За всю мою любовь к нему, старику, годившемуся мне в отцы!..

И Ольга Всеславовна снова прибегла к содействию носового платка, на сей раз, вместо слёз, приявшего несколько сдерживаемых рыданий.

Конфузливый с женщинами, врач стоял, опустив голову и глаза, как виноватый.

– Что это вы, говорят, всю ночь жгли? – осведомилась Ольга Всеславовна слабым голосом.

– О! Далеко не всю ночь!.. Так, Юрий Павлович вспомнил, что надобно истребить кое-какие старые письма, бумаги. Кое-что привесть в порядок... Там в шкатулке, есть и на ваше имя пакетец... Мне было приказано надписать адрес...

– В самом деле?.. Нельзя ли видеть его?

– О, никак!.. Всё заперто в шкатулке, вместе с духовным завещанием. И ключи у генерала.

Снисходительно-горькая улыбка искривила рот молодой женщины.

– Так это новое завещание не попало ещё в камин? – спросила она.

И на испуганное отрицание доктора, повторившего, что "оно поверх всего в шкатулке лежит", прибавила:

– Ну, так ещё попадёт! Не беспокойтесь!.. Особенно, если Бог продлит жизнь моему мужу. У него, ведь, всегда непонятная страсть писать новые

42

документы, – доверенности, дарственные записи, духовные, – что ни попало! Писать новые и сжигать прежние... Ну, что же делать? Надо покориться новой фантазии... Больному нельзя противоречить.

Ольга Всеславовна ушла к себе. Она вышла только на несколько минут в этот день из своей спальни, чтобы узнать конечное слово светил медицинской науки, собравшихся, после полудня, на генеральный консилиум; а весь остальной день провела взаперти. Заключения врачей, хотя совершенно разнились в подробностях, в главном сходились и были неутешительны: жизнь и продолжительность страданий больного были вопросом недолгого времени.

Вечером была получена телеграмма от Анны Юрьевны; она уведомляла отца, что будет на другой день к пяти часам вечера.

– Дождусь ли?.. Ох! Дождусь ли... – целый день повторял больной.

И чем сильнее он волновался, тем грознее были приступы его страданий.

Он провёл дурную ночь. К утру болезненный припадок несравненно сильнее прежних едва не унёс его. Он еле дышал от страшных страданий... Теперь уж ему не помогали горячие ванны для рук и паровые вдыхания, приносившие некоторое облегчение ранее.

Доктор, сестра милосердия, прислуга – сбились с ног. Одна жена, по прежнему, не имела к нему доступа. Она бесновалась от злобы, стараясь, не безуспешно, всех убедить, что сходит с ума от отчаяния. Девочку, Олю, ещё накануне увезла одна родственница генерала к себе в дом, – "на всё это ужасное время"... В эту ночь генеральша Дрейтгорн совсем не ложилась, не отходила даже, как следовало преданной жене, от дверей мужниной комнаты. Когда предутренний припадок утих, она попыталась было войти к нему; но едва больной увидал её у изголовья постели, куда, наконец, его уговорили лечь, как сильнейшее нетерпение исказило черты его, и, не будучи в состоянии говорить, он только замахал на неё руками и сердито, хрипло застонал.

Сестра милосердия очень решительно попросила генеральшу не смущать своим присутствием супруга...

"Мне это терпеть! Мне терпеть всё это?!. – мысленно терзалась оскорблением Ольга Всеславовна. – Терпеть от него, а после него страдать от нищеты?.. Ну, нет! Не бывать тому... Лучше смерть, чем нужда и такой позор!"

Она углубилась в мрачные размышления...

Это неприязненное движение при виде жены было последним сознательным поступком Юрия Павловича Дрейтгорна. К восьми часам утра он потерял память, среди тяжких страданий, не затихавших более до самой кончины. В начале полудня его не стало...

В последний час агонии жена его беспрепятственно стояла на коленях у его изголовья и неутешно рыдала.

Грозный сановник, миллионер, большой барин обратился – в труп!

Всё пошло своим чередом. Обычная суета и бесцеремонный шум, вместо осторожного шёпота, поднялись вокруг умершего, готовя ему парадное погребение. Близких, кроме жены, возле него никого не было, а она лежала, то в обмороках, то в истерике. Все заботы пали на скромного домашнего доктора, и он хлопотал неустанно, добросовестно, в поте лица, стараясь ничего не упустить из виду. Но, как всегда бывает, упустил самое важное. Ранние сумерки уж спускались на Петербург, окутанный морозным туманом, когда Эдуард Викентьевич Полесский отчаянно хлопнул себя по лбу: он вспомнил о ключах, о шкатулке, вверенной покойным его охране. В это время тело, одетое в мундир и все регалии, лежало уж в смежной, большой комнате на столе под парчой, в ожидании гроба и обычных венков. Доктор бросился в опустевшую спальню. В ней всё уж было прибрано, кровать стояла без тюфяка и подушек; на диване ничего тоже не было.

Где же ключи? Шкатулка?

Шкатулка стояла на прежнем месте, нетронутая, запертая... У него отлегло от сердца... Однако ключи?.. Сейчас, вероятно, явится полиция... Удивительно, что её до сих пор нет!.. Опечатают... Надо, чтобы в порядке... Где Яков? Наверно он взял. Или... она?.. генеральша?

Полесский бросился на поиски камердинера, но его не оказалось. Хлопот было много, он поехал что-то купить, заказать. "Ах! Боже ж мой! А объявления? – вдруг вспомнил он. – Надо сейчас написать, сейчас послать в редакции газет. Надо её спросить, однако, – генеральшу!.. В каких-де, словах?.. Всё же, хоть он её и знать не хотел, но она теперь главное лицо! Да кстати спросить не видала ль ключей?"

Доктор помчался на половину генеральши. Она лежала измученная, но вышла к нему... В каких выражениях? Ей право всё равно!.. "С глубоким прискорбием" или "с душевным", – какое ей дело?.. Ключи?.. Какие ключи?.. Нет, она никаких ключей не видала и не знает, где они. Да чего он тревожится?.. Прислуга верная: ничего не пропадёт...

– Да, но их надо иметь наготове, для полиции. Сейчас придут опечатывать бумаги покойного...

– Опечатывать! Зачем?

– Таков закон... Чтобы всё было цело, до прочтения завещания во исполнение воли покойного.

Генеральша Дрейтгорн заметно побледнела. Она не знала и не ожидала такой помехи... Доктор был слишком занят, чтобы заметить эту бледность.

44

– Так я сейчас напишу объявление и пошлю в редакции. В "Новое время" и в "Новости", – я полагаю довольно?

– Как знаете!.. Пишите здесь, у меня. Вот всё что нужно: перья, бумага. Напишите, – прочтёте мне... Я сейчас, только положу компресс на голову... Страшная мигрень!.. Подождите же меня.

И генеральша вышла из приёмной в спальню.

– Рита! – шепнула она своей поверенной субретке, спешно обшивавшей ей крепом траурное платье, – не выпускай доктора, пока я не вернусь! Слышишь?.. Что хочешь делай, только не выпусти!

Генеральша скользнула из спальной в боковую, маленькую дверь и исчезла.

Две комнаты до той, где лежало тело, были совершенно пусты и сумрачны, ничем не освещённые; из той шёл тоненький луч света от лампады, зажжённой у иконы. Свечи ещё не горели, чтец-дьячок ещё не приходил... Их ждали вместе с батюшкой и с гробом; пока возле умершего никого не было, только в передней, проходной комнате сидела сестра милосердия.

– Помолиться желаете? – спросила она генеральшу.

– Да... Помолюсь там... В его комнате.

Она проскользнула мимо покойника, на него не взглянув, в его бывшую спальню и притворила за собою двери. Запереть их на ключ она побоялась, да и зачем?.. Дело одной минуты... Вот она – шкатулка, – старая знакомая! И ключ от неё ей хорошо знаком: когда-то не так давно, – у мужа не было от неё тайн, ни запретов.

Быстро вложен ключ в замок, быстро поднята крышка... "Бумага? Эта новая, "подлая" бумага, которая может её всего лишить!.. А! Вот и она. Дурак этот не обманул: с самого верха. И искать нечего, слава Богу".

"Скорей теперь закрыть, запереть плотную крышку; сунуть ключи, куда-нибудь, – вот хоть между сиденьем и спинкой кушетки, на которой он лежал... Вот так!"

Вздох облегчённого страха слетел с прекрасных, побледневших за эти тревожные дни, губ красивой женщины. Отныне она могла быть спокойна!

"Взглянуть на этот "документ" его жестокости! Несправедливости! Тупоумия!.. Чтоб, не дай Бог, не вышло ошибки!.." Ольга Всеславовна подошла к окну, и пользуясь последним лучом серого дня, развернула духовную.

"Во имя Отца и Сына и св. Духа"... – прочла она...

"Да! Это оно: завещание"...

"Как он говорил эти самые слова тогда, благословляя Олю! – вспомнилось ей. – Благословлял! А та же рука не дрогнула подписать это!.. Лишить её, их обеих всего – из-за тех, ненавистных людей? Но теперь – не бывать тому! Просим прощения! – не рядиться твоей голопятой азбучнице в павлиньи перья! Нам с Олей – деньги более к лицу!"

И генеральша чуть не прищёлкнула победоносно пальцами в ту сторону, где он лежал. Она, несмотря на французское воспитание, в минуты увлечения была тривиальна.

Вдруг близёхонько под дверями раздались шаги. "Помилуй Бог! А у неё в руках громадный толстый лист гербовой бумаги! Куда девать?.. Сложить и думать нечего успеть. Вот! Уже входят... Кто бы?"

И духовное завещание на полу, и сама генеральша тоже на полу, – на коленях на нём как на коврике, в молитвенной позе, заломила руки на подоконник и влажный взор устремила на мигавшую звёздочку, словно небеса принимая в поверенные и свидетели своего безутешного, вдовьего горя...

То была только сестра милосердия.

– Сударыня, там люди пришли, принесли гроб и, кажется, полицейские.

– Ах! Я сию минуту!.. Скажите пожалуйста, что я сейчас.

Сестра милосердия вышла.

"Ишь, поди ведь, как она мужа любила! И за что ж он её обижал напоследок?" – невольно укорила она покойного генерала.

А генеральша между тем поспешно поднялась, сложила духовную как попало, вчетверо, в восьмеро, и зажав её в руке торопливо вышла из этой, теперь её пугавшей комнаты.

Она до того растерялась, что забыла даже поискать свой карман... Она только крепко держала свой свёрток, а руку опустила вниз, пряча её между складками широкого пеньюара.

В комнате, только что пустой, ей показалось теперь так много народу, что у неё зарябило в глазах. Сердце её стучало немилосердно и кровь била в виски так громко, что она никак не могла понять о чём её спрашивают?.. Её спрашивали: можно ли переложить тело в гроб, уже стоявший рядом. Молчание принято за согласие... Привычные люди ловко взялись и приподняли осевшее тело.

Ольга Всеславовна стояла у изголовья. Из-за приступивших погребальных служителей она вдруг увидала, к ней шедшую с протянутою рукою, со слезами сочувствия на глазах, княгиню Рядскую, – ту самую сановитую родственницу, которая взяла к себе маленькую Олю...

"Надо ей подать руку, – а в руках этот проклятый свёрток!.. Куда его девать? Как спрятать?"

В глаза ей метнулся блестящий, пепельно-бледный лоб покойника, беспомощно закинутый назад, насторону, в ту минуту, как всё тело висело на руках над своим вечным жилищем...

Спасительная мысль!

Нежно склонилась генеральша к гробу. Нежно поддержала холодную голову покойника... Нежно опустила её на атласную подушку, расправила рюшь, окружавшую это твёрдое изголовье и незаметно оставила под ним скрученный свёрток бумаги...

"Вот так верней! – пролетали в ней мысли. – Ты ведь хотел же сам хранить свою духовную: ну и храни её во веки!.. Чего же лучше?"

И ей стало даже смешно... Она с трудом успела задержать улыбку торжества, превратив её в горькую улыбку печали, в ответ на соболезнования родственницы...

Гроб уж торжественно красовался на столе; его покрывали парчой, цветами... Княгиня-родственница, поклонившись в землю, первая возложила привезённый венок.

– Страдалец! Успокоился! – шептала она, качая головой. – Панихида скоро будет?.. А где же... Где же Ольга Всеславовна?

– Они сейчас! – умилённо зашептала ей в ухо "сестра". – Пошли оправиться... Сейчас начнут собираться на панихиду, – а они в расстройстве... Очень убиваются! Не угодно ли присесть?

– А?.. Что?.. Присесть?.. Благодарю! – свысока процедила княгиня.

И направилась ко вступавшему в дверь благочинному украшенному многими регалиями и сановитою бородою.

Генеральша быстро вошла к себе.

– Рита! Скорее вымыть руки, одеваться. Ах! Извините, пожалуйста, доктор! Меня ведь звали туда, – к мужу... Его уж положили в гроб! – тяжко вздохнула она... – Что это? Да, объявление о кончине? Хорошо! Хорошо!.. Отошлите, пожалуйста, а мне надо скорее одеваться. Там сейчас панихида.

– Доктор! Не здесь ли доктор? – раздались тревожные призывы за дверью.

– Иду! Что такое?

– Пожалуйте скорее, Эдуард Викентьич! – призывал его Яков. – Там барыне, внизу, Анне Юрьевне очень дурно!.. Я вот, цветы заказывал, вернулся, смотрю: а в прихожей барыня без чувств лежат. Только что приехали, спрашивают, а им прямо: "скончался!" говорят... Безо всякого приготовления!.. Ну, они не вынесли: в обмороке!

Яков договаривал всё это на ходу.

– Комедиантка! – в негодовании решила Ольга Всеславовна.

И тут же мысленно прибавила: "Ну, да теперь она хоть на голове ходи, так мне всё равно!"

IV

Всё ли равно было ей или не всё, однако глубокое отчаяние дочери, не успевшей проститься с отцом, не успевшей принять его благословения, после многолетнего гнева, тяготевшего над неповинной головой молодой женщины, так было очевидно искренно, произвело на всех такое сильное впечатление, что и мачеха её взволновалась.

Анна Юрьевна была похожа на отца, насколько может быть похожа молодая, стройная, хорошенькая женщина на пожилого человека со строгими чертами и атлетическим сложением, каким отличался генерал Дрейтгорн. Но несмотря на нежность сложения и кротость взгляда, в чёрных глазах её иногда загоралась искра очень похожая на вспышки в отцовском взоре, и волей своей, сильным характером и непреклонной настойчивостью на том, что ей казалось правым и необходимым, Анна была двойником покойного.

Почти десять лет, со дня замужества её с любимым человеком, которого злонамеренные люди успели оклеветать во мнении генерала, дочь его покорно несла его гнев. Не переставая писать ему, умоляя простить её, понять, что он ошибался, что муж её честный человек, и что она была бы совершенно, вполне счастлива, если бы не тяжесть гнева отцовского и разлука с ним, она никогда, до последнего времени, не получала его ответов. Лишь в последний месяц случилось что-то непонятное: отец не только написал ей, что желал бы повидаться с ней и детьми в Петербурге, куда должен тотчас ехать, но через несколько дней написал опять, – длинное нежное письмо, где прямо просил её прощения. Ничего не объясняя, он говорил, что получил такие явные доказательства невинности и рыцарской честности её мужа, что чувствует себя пред ним глубоко виноватым и несчастным своей несправедливостью. В следующих письмах Дрейтгорн, умоляя дочь поспешить приездом, потому что он болен и по мнению докторов "долго не протянет", её окончательно поразил уведомлением о смысле своего нового духовного завещания, о непременной воле разлучить меньшую дочь "с такою матерью" и мольбами к ней и мужу её не отказаться принять к себе на воспитание маленькую Ольгу.

– Что случилось? Чем так могла эта пустая женщина так жестоко оскорбить отца? – в недоумении рассуждала Анна.

– Если бы она только была пуста! – пожав плечами, отвечал ей муж. – Но она так зла, так хитра и так беззастенчиво смела, что от неё всего можно было ждать!

– Но в таком случае был бы скандал! Мы бы наверное что-нибудь знали... Нынче погляди, вон, даже в газетах расписывают такие истории, а мой отец такой известный, заметный человек!

– Вот и причина почему не пишут! – улыбаясь, заметил Борисов.

Сам ехать он отказался наотрез. Он с ужасом вспоминал тот первый год своей женитьбы, когда он ещё не мог добиться перевода в другой город и поневоле терпел встречи с этой ненавистной ему женщиной, – "с этой женой Пентефрия", – как он мысленно со смехом над собой самим, порою обзывал Ольгу Всеславовну; да и с ним, с её мужем, этим честным умным стариком, так унизительно отдавшимся в распоряжение хитрой и низкой интриганке! Анна Юрьевна знала, что муж презирает её мачеху; что он ненавидит её за всё горе, им перенесённое чрез неё, а ещё более за её дурное влияние на отношения отца её к её брату.

Борисов шесть лет жил учителем и воспитателем при Пете Дрейтгорне и очень любил его. Мальчик был уж в последних классах гимназии, когда сестра, на два года старше его, кончила курс и вернулась в отцовский дом почти одновременно с вторичной женитьбой генерала.

То что молодой учитель старался не замечать и терпеть, ради дружбы к своему воспитаннику, в первый год свадьбы Дрейтгорна, стало невыносимо, когда приехала его дочь, и ко всем осложнениям трудного положения Борисова ещё прибавилось сознание их взаимной любви... Тут он повёл дело начистоту и всё скоро разыгралось. Никогда, никому в свете не заикался молодой человек о причине ненависти к нему генеральши Дрейтгорн. Он искренно надеялся для спокойствия своего тестя, что он никогда о ней не узнает. Анна была убеждена, что всему причиной гордость её мачехи, сумевшей и отцу её внушить предубеждение против такого, по её мнению, "mésalliance'a"[2]. Отчасти она была права, но главные причины вражды остались ей навсегда неизвестны. К несчастью не так было с её отцом.

В последние годы он всё сильней разочаровывался в достоинствах своей жены. Дошло наконец до того, что генералу стало спокойнее житься, когда его супруга отсутствовала... До последней болезни Юрия Павловича, которая, сказать к слову, едва ли не была и первой, – Ольга Всеславовна уехала на год путешествовать с дочкой по чужим краям; но пробыла не более двух месяцев, как генерал неожиданно решился ехать в Петербург искать развода, увидаться с дочерью и переменить своё духовное завещание... Быть может он и не решился бы никогда на такие крутые меры, если бы не случилось нечто никем не предусмотренное.

Борисов напрасно думал, что он так тщательно уничтожал все письма к нему молодой генеральши в то время, когда не был ещё женат, – что не

---

[2] фр. Неравный брак. Прим. ред.

осталось никаких вещественных доказательств её раннего вероломства. У неё и до замужества была поверенная, исполнявшая многие маленькие поручения красивой барышни, слава которой гремела в трёх приволжских губерниях, – арене её ранних лет. Впоследствии молодая барыня нашла себе в чужих краях новую любимицу, эту самую Риту, которая и ныне была при ней. Марфа, русская наперсница, конечно возненавидела "немку" и пошли между ними такие баталии, что не только генеральша, но и сам генерал лишились покоя. Марфа была не промах: её Ольге Всеславовне приходилось беречь; она и берегла, но и сама не знала до какой степени находится в её руках. Предвидя чёрный день неблагодарности, Марфа с удивительной предусмотрительностью откладывала по одному или по несколько писем из каждой серии тайных переписок барыни, неуклонно проходивших через руки её, в разные времена. Быть может она и не воспользовалась бы ими так зло, если бы не последняя смертельная обида барыни!.. Ценя в слуге, кроме расторопности, знание языков, барыня её услугами не пользовалась обыкновенно заграницей, но брала с собой в путешествие, доныне, обеих горничных. Но в предпоследнюю поездку Марфа до того надоела ей вечными слезами и ссорами, что генеральша задумала обойтись без её услуг, тем более, что с нею ехала ещё гувернантка при дочери. Штат выходил чересчур велик.

Не стало меры озлоблению Марфы, когда она узнала, что остаётся дома... Дерзость её была так велика, что она прямо сказала барыне, что "жалея её", советует ей её не обижать, потому что она "такой обиды без отместки не оставит". Но барыне и в голову не приходило, что Марфа замыслила и чем она рискует.

Едва генеральша уехала, Марфа попросила генерала отпустить её, говоря, что она поищет дела в другом месте. Задерживать её генерал не видел возможности, да и не желал, видя в ней вздорную сварливую бабу. Доверенная слуга ушла из дому, уехала даже из города! И тут-то началось её мщение и пытка Юрия Павловича, сразу подкосившая его счастье, здоровье, едва ли не самую жизнь. Почти каждый день начал он получать письма из разных мест России, – у Марфы кумовей и друзей было множество!.. С беспредельной жестокостью Марфа начала свои присылки с менее важных документов шалостей его жены. Вначале приходили записочки, ещё подписанные её девичьим именем; потом два-три письма из серий последних лет, и, наконец, пришла целая пачка посланий генеральши в первый год брака, "к учителю" – когда Борисов ещё не знал Анны.

Коварная Марфа, прекрасно зная всё, о чём в этих записочках говорилось, часто передавала их содержание на словах, а их припрятывала

50

и сберегала, ввиду того, что "ведь Бог знает, что может со временем приключиться?.."

"Не будут нужны – сожгу! а может пригодятся?.. Господ завсегда хорошо в руках держать!" – рассуждала сметливая баба – и не ошиблась в расчётах, хотя эти письма послужили не к выгоде ей, а только к кровавой мести.

Они самые, – записочки и письма эти, открывшие окончательно глаза генералу на личность его супруги и собственную его вопиющую несправедливость к родным детям, и лежали теперь в шкатулке покойного, аккуратно завёрнутые в пакет, с надписанным доктором адресом, на имя "её превосходительства, Ольги Всеславовны Дрейтгорн".

По первому же письму отца Анна стала собираться в Петербург, но на беду её задержали болезни сначала одного ребёнка, потом другого. Если бы не последние телеграммы его, она и теперь бы ещё не выехала, потому что не знала о его опасной болезни.

Но теперь, приехав слишком поздно, бедная женщина простить себе не могла этого.

Вчуже тяжко было видеть, как она убивалась над гробом отца, после панихиды!.. Княгиня Рядская разливалась в слезах, на неё глядя; и все многочисленные знакомые и родственники гораздо более расстроились её отчаянием, нежели смертью самого генерала. Ольга Всеславовна втайне была скандализирована такой несдержанностью; но по наружности была очень расстроена и тронута положением своей бедной падчерицы... Однако она не рискнула, при людях, явно высказывать ей симпатию, помня слово, вырвавшееся "у этой сумасшедшей", когда её привели в себя из обморока и она было бросилась к ней с объятиями.

– Уйдите от меня! – закричала, увидав её, Анна. – Я не могу вас видеть, вы убили моего отца!

Хорошо, что в передней были одни лакеи! Но вновь это выслушать, при многочисленных свидетелях, генеральша рисковать не желала.

При том она была чересчур встревожена: гости, собравшиеся на панихиду, навезли цветов и "полоумная княгиня" вздумала, с помощью других двух дам, сама украшать ими гроб и в особенности изголовье... Трудно представить себе, что вынесла Ольга Всеславовна, глядя, как все эти руки рылись в складках кисеи, в рюше, под покровом, чуть ли не под самой атласной подушкой... Ещё немного и она могла бы непритворно упасть в обморок.

Она всегда хвалилась, что у неё крепкие нервы, и точно это была правда; однако за эти дни и их крепость, видно, не выдержала, потому что она долго не могла в ту ночь заснуть, и ей то и дело Бог весть что мерещилось... Едва к утру заснула Ольга Всеславовна, да и то ненадолго.

Тёмная ночь ещё стояла над спавшим городом. Мрак и тишина воцарились наконец в успокоившихся меблированных комнатах, где в целой анфиладе пустых покоев крепче и спокойнее всех спал вечным сном генерал Дрейтгорн. Невыразимо торжественно и спокойно рисовалось лицо его среди пёстрых цветов, лоснясь в свете нагоревших восковых свечей. Между чёрными бровями застыла складка, словно он не переставал и теперь озабоченно решать глубокую думу; а тонкие губы крепко были сжаты, как и при жизни, когда он принимал твёрдое, непоколебимое решение.

В этот самый неподвижный час ночи, когда над усопшим смолкло монотонное чтение псалтыри, и чтец, еле добравшись до ближнего дивана, растянулся на нём и храпел богатырски, – Анна Юрьевна видала во сне отца своего, но в совершенно новом виде. Она рассказывала впоследствии, что на неё, против ожидания, как только легла она, истомлённая слезами, вдруг снизошло такое полное, ясное спокойствие духа, будто кто снял с неё невидимый гнёт. Не то чтобы она забыла, что отец её умер, что его нет в живых, – нет! Она ни на секунду не забывала свершившегося; но оно не казалось более таким тяжким, горьким, непоправимым бедствием... У неё явилось вдруг не размышление и не вывод из каких-либо умствований, а безотчётное сознание, убеждение, что не из чего так убиваться, что в конце концов – всё равно! Немного ранее или позже – разве в том суть?.. Отец её умер; она – ещё жива; а через каких-нибудь полстолетия – не всё ли это равно?.. Оба будут мертвы, – и оба будут живы!.. Да! – будут, будут живы!.. Как оба живы и ныне и вовеки. Они не виделись десять лет; отец не успел благословить её. Но он хотел её благословить, и благословение на ней пребудет; пребудет тоже, несмотря на продолжение временной разлуки и их любовь, – бессмертная любовь, всё переживающая, единый вечный союз духа...

И торжественный покой снизошёл на неё в силу этой уверенности, сразу её осенившей как бы вышним, животворящим светом. Не успела она сомкнуть в сладкой дремоте усталых глаз, как увидала его пред собою. И видя, всё же помнила, что для земной жизни он мертв, но не смущалась этим более... Пусть так, – если таков закон предвечный! Пусть так, – если земная смерть возрождает к такой неизъяснимо-светлой чистоте и сияющей радости, облечённым в которые явился он ей ныне.

Он подошёл к ней. Он положил ей на голову руку, и она почувствовала, что он о ней молится... Так делывал он иногда, когда она ещё была ребёнком, при жизни её матери. Но тогда она не знала, что отец мысленно творил молитву; теперь же она чувствовала это, как чувствовала и знала каждое слово этой знакомой молитвы, вторя ей, молясь вместе и заодно с отцом.

52

Это была такая ей родная, такая чудная молитва! Каждый звук в ней, каждое слово порождало отрадные чувства, – трепетное умиление, радость, светлую надежду!.. Она горячо молилась и в то же время думала, как могла она забыть эту молитву?.. Как могла так долго не говорить её, не помнит её высокого смысла?

Она знала, что давно не молилась этой простой, умиротворяющей и всеразъясняющей молитвой. Она сознательно давала себе слово отныне всегда ею молиться и научить ей мужа и детей, радуясь их радости, когда они узнают от неё истинный смысл её и утешительное значение.

И с чувством глубочайшего мира в душе, с радостным сознанием великого откровения сообщённого ей отцом, Анна спокойно, крепко уснула...

* * *

Зато почти в то же мгновение проснулась, за пять комнат оттуда, едва успевшая забыться тяжёлым беспокойным сном Ольга Всеславовна. Она пробудилась от сознания чьего-то присутствия, чьего-то враждебного тяготения. Села в кровати и оглядела комнату... По полу и стенам бродили, колыхаясь, тени от огня в ночнике, по которому прошло откуда-то дуновение... В спальни не было никого.

"Не разбудить ли Риту? Приказать ей здесь лечь, возле меня?.." – подумала Ольга Всеславовна, – но тут же устыдилась своего детского страха.

Она легла, повернулась к стене и заснула сейчас же.

Заснула и увидала сон.

Она спускалась с какой-то тяжёлой, неуклюжей ношей на плечах, по бесконечным лестницам и тёмным переходам. Впереди ей мерцал яркий, переменчивый огонёк: то красный, то жёлтый, то зелёный, он всё мерцал и метался перед нею, из стороны в сторону... Она знала, что если бы удалось ей достигнуть его, – ноша её с неё снялась бы... Но он словно дразнил её, то появляясь, то исчезая, и вдруг пропал из глаз совсем! И она очутилась во мраке в сыром подземелье с виду пустом, но переполненном чьим-то невидимым присутствием... Чьим?.. Она не знала! Но это переполнение её страшно пугало, душило её, отовсюду на неё наседая, отымая последний воздух! Она задыхалась! Ужас охватил её при мысли, что верно это смерть... Ей умереть?.. Возможно ли?.. Да ведь этот блестящий, весёлый огонёк только что сулил ей жизнь, веселье и блеск! Ей надо его скорей догнать!

И она хотела бежать. Но ноги её не слушались, – она не могла пошевелиться.

"Господи! Господи! – закричала она, – да что ж это такое?.. Откуда такая напасть?.. Кто меня держит?.. Пустите меня на воздух, не то я задохнусь в этом смраде, под этой непосильной тяжестью!.."

Отчаянный вопль её пронёсся под бесконечными сводами, и со всех сторон эхо, дробясь и переливаясь на тысячу ладов, вернуло ей его обратно, обратив его в раскатистый хохот, в насмешливый, визгливый смех. Она рванулась вперёд в смертельном ужасе, поскользнулась и упала...

Тогда её обступили со всех сторон. Всё то или все те, что невидимо переполняли мрачную пустоту бесконечного подземелья, приступили к ней и то кричали ей, то шептали в самые уши:

"Зачем не уходишь?.. Никто тебе не мешает!.. Ты сама захотела придти сюда. Сама ты нас породила, сама нас возле себя держишь!.. Не задохнёшься!.. Это родная тебе атмосфера. И ношу эту ты доброй волей сама же на себя взвалила... Так иди же! Иди же вперёд!. На избранном тобою пути нет отдыха, нет остановок, – или назад, – или вперёд! Иди!.. Иди!.."

И она силилась встать, она сознавала, что обязана идти; но ужас, тоска и мучительный страх приковывали её к месту.

Вдруг мимо неё прошёл Юрий Павлович. Она тотчас его узнала и радостно вцепилась в полу его развевавшейся генеральской шинели.

"Юрий! Прости! Помоги мне!" – закричала она.

Муж остановился, посмотрел на неё печально и отвечал:

"Я бы и рад, да ты сама помешала... Пусти! Пока не распалось это платье, – надо же мне исполнить твоё поручение!"

В эту секунду она проснулась.

Она была вся в холодном поту и судорожно зажимала обеими руками свои простыни. Возле неё никого не было, но она чувствовала ясно ещё чьё-то присутствие и была убеждена, что точно видела сейчас своего мужа.

В ушах её ещё явственно звучал его голос: "Надо же мне исполнить твоё поручение..."

Поручение?.. Какое?..

Она вскочила и торопливо зашаркала босыми ногами по ковру, разыскивая туфли. Её охватило страшное убеждение... Ей надо было удостовериться сейчас, сию минуту!..

"Взять завещание! Взять его оттуда! Сжечь! Уничтожить!.." – мелькало в её уме, пока она лихорадочно вздевала пеньюар, накидывала шаль.

– Рита! Вставай скорее! Скорее!.. Пойдём!

Перепуганная горничная спросонья вскочила, тёрла глаза, ничего не понимая. Холодные как лёд руки барыни теребили её и куда-то тащили.

– Ach lieber Gott... Lieber Gott im Himmel – бормотала она, – что случилось?.. Что вам угодно?

– Молчи! Идём скорее!

И Ольга Всеславовна, со свечей в дрожавших руках, шла и тащила за собою Риту, тоже дрожавшую со страха...

Она отворила дверь спальни и отступила назад...

Все двери были открыты настежь, и прямо перед ней, среди четвёртой, блистал в золоте парчовых покровов и сиянии высоких свечей на траурном катафалке гроб её мужа.

– Что это? – прошептала генеральша. – Зачем отворили все двери?

– Не знаю.... Все они вечером были заперты! – пробормотала в ответ горничная, стуча зубами от бившей её лихорадки.

Ей очень хотелось спросить госпожу, куда, зачем она идёт? Очень хотелось остаться сзади, не идти в ту комнату, но она не посмела.

Они быстро прошли первые комнаты; у дверей последней генеральша поставила подсвечник на ближайший стул и на секунду приостановилась... Их обеих поразил громкий храп чтеца.

– Это дьячок! – успокоительно шепнула генеральша.

Рита едва смогла кивнуть головой.

Однако её успокоил этот здоровый храп живого человека. Не доходя до того места, горничная остановилась, вся дрожа, завернулась в свой шерстяной платок и стала отвернувшись, стараясь только видеть диван со спавшим на нём псаломщиком.

Нахмурив брови, стиснув зубы до боли, Ольга Всеславовна решительно подошла ко гробу и запустила обе руки под цветы в изголовье... Вот рюш... Вот и атлас подушки... и... и дно... где же?! Стучавшее, как молот громко сердце – вдруг ёкнуло и замерло... Завещания тут не было...

"Я, может быть забыла? Может быть оно с другой стороны!" – подумала Ольга Всеславовна и перешла по левую сторону гроба.

Нет... и здесь нет свёртка.

Где же он?.. Кто взял его?!

Вдруг сердце её упало, и сама она схватилась за край гроба, чтобы не упасть с ним рядом. Ей показалось, что из-под окоченелых, крепко сложенных, тяжело осевших рук покойника белеет, сквозь прозрачную кисею покрова, угол бумаги.

"Вздор! Наваждение!.. Быть не может! Мне померещилось!" – вихрем проносилось в её мутившемся сознании.

Озлобленно заставила она себя скрепиться и ещё раз взглянуть...

Да!.. Она не ошиблась. Белый уголок сложенной бумаги явственно выделялся на чёрном мундире генерала.

В эту секунду ветер, откуда-то пронёсшийся по свечам, расшатал их нагоревшее пламя... Тени пошли танцевать по всей комнате, по гробу, по лицу покойника, и в этих быстрых переливах теней и света застывшие черты, казалось, оживились, на губах мелькала печальная усмешка, дрогнули крепко сомкнутые веки...

Раздирающий душу женский крик пронёсся по всему дому.

С отчаянным воплем: "Глаза! Он смотрит!" – генеральша пошатнулась и упала на пол, у мужнина гроба.

Это случилось 23 декабря, в седьмом часу утра.

V

В тот же день рано утром жена нотариуса Ивана Феодоровича Лобниченко, Евгения Гавриловна, поднявшись с петухами, была чрезвычайно занята. Хлопот у неё был "полон рот", по её собственному определению. Завтра сочельник и день её ангела, – да мало того, что её! А вместе и Женички, её семнадцатилетней дочки, баловницы отца с матерью. Было о чём похлопотать!..

Всё надо было закупить – и на постный день, и на праздник и угощение именинное!.. А в доме!.. Святители! Ведь нотариальную контору надо было превратить в танцевальную залу, а Иван Феодорович ещё и нонешних занятий не уступал!

"Будет с вас, – говорил он, – сочельника и двух первых дней праздника! Чего вам ещё?.. А дело не делать, – так ведь и угостить именинных гостей не на что будет!" Что с ним поделаешь?.. Вот опять, как ни мой, ни оттирай полов, а грязищи нанесут клиенты на сапогах, это верно! И опят поломоек нанимай. А где их взять-то, в самый сочельник? Хорошо, что жена швейцара обещалась помочь, да, что полотёры знакомые, – десять лет на них работают, – хоть в самую ночь сочельника да придут натереть.

Лобниченко были семья благочестивая. Новые, модные дельцы Ивана Феодоровича "старозаветным" и "патриархом" называли; он не претендовал, благо делу его это не вредило, а напротив состоял он в большом уважении у купечества. У честного, чистого купечества, кривых дел Иван Феодорович не любил и поэтому вероятно, хотя и не нуждался, но и не богател, как другие его сотоварищи. Искони было заведено у Евгении Гавриловны в день Ангела батюшку благочинного, её долголетнего духовника и всех посетителей постным пирогом угощать; а молодёжь на веселье и танцы, в сочельник не подобающие, на первый день праздника звать.

Поневоле приходилось ни свет ни заря накануне именин подыматься и самой хлопотать и за работой Анисьи и Артемия присмотреть, а потом и с кухаркой Дарьей на Сенной побывать. В этом ветхозаветном доме и прислуга подстать была; жила по десяти, да по двадцати лет. Горничная Анисья, уж на что шустрая, а и та пятый год доживала; а лакей десять лет ворчал, что "завтра" уйдёт, — но это завтра никогда в сегодня не превращалось, и никто никогда на его воркотню внимания не обращал, зная, что Артемий — меланхолик. Артемий был человек исправный и честный, но большой оригинал и пессимист. Он был совершенно уверен и не стеснялся высказывать своего убеждения, что все люди на свете, — "акромя его с барином" — полоумные!.. Да по правде сказать барина-то он лишь на словах исключал, — а в тайне и его приобщил к "придурковатым"...

"И чего мечутся, окаянные, прости Господи! — ворчал он в то утро, немилосердно растирая суконкой медный подсвечник в чуланчике, возле передней, при свете керосиновой лампочки с разбитым и печально накренившимся зелёным колпаком. — Спросить: чего мечутся?.. Сказано поспею и — поспею!.. Впервые что ль?.. Ишь — серебром гремит сама! Достаёт, чуть не с ночи, будто этому времени во дню не будет!.. А Анисья с подсвечниками да лампами пристаёт. Время к свету — а она с освещением лезет!.. Никакого тебе резону в этом доме не полагается!.. Одно слово: шальные!.. А вот сейчас и сам закричит. А там — посетители звонить начнут... Ах! Житьё наше каторжное!.."

Евгения Гавриловна между тем выбрала из комода запасное серебро, бельё столовое, сдала всё Анисье; подтвердила ей приказание, как только барин встанет и чай откушает, так, не дожидаясь барышниного позднего вставания, идти в магазин, наведаться о Женичкином платье, чтоб его непременно к вечеру доставили. Да чтоб она не проболталась, не дай Бог, барышне, об ожидавшем её сюрпризе.

В эту минуту на Думе пробило восемь часов, и Евгения Гавриловна ещё пуще засуетилась: пора им было с Дарьюшкой на Сенную.

По соседству, в спальне, слышалось шуршание спички и зевки Ивана Феодоровича.

— Вставай, вставай! Давно пора! — закричала ему жена. — И чего свечку зажигаешь? Девятый час! Совсем светло.

И в подтверждение своих слов Евгения Гавриловна задула лампу. Серые, печальные сумерки за окном пестрели частой снежной сеткой.

— Артемий!.. — раздался, хриплый спросонья, голос нотариуса. — Прибрано ль в конторе-то?.. Того гляди, кто придёт!.. Уж ты матушка, со своими хлопотами, да праздниками, только людей с ног сбиваешь! – ворчал он на жену, но в полголоса, чтобы она не расслышала.

Громкий звонок раздался в передней.

– Вот оно! – мрачно буркнул Артемий в чулане, ожесточённо сплёвывая в угол.

– Вот оно! – вскричал и хозяин его, заторопившись. – Есть ли кто в конторе? Пришёл Пётр Савельевич?

– Нет ещё! Никто не приходил, – отозвалась жена.

– Ну как же ж так!.. Эх! Право, какой этот Пётр Савельевич!.. А писаря там?

– Никого ещё нет. Наши часы впереди... К десяти будут... Надо же о празднике людям позаботиться тоже... Это какой-то оголтелый так рано пришёл! – заключила Евгения Гавриловна.

– А ты погляди, милочка, – просил её супруг, – если кто порядочный, – выдь сама. Скажи, что я тотчас.

– Ну, уж кому порядочному в такую рань придти?.. Артемий! – выглянула в прихожую барыня, – скажи, что сейчас барин выйдут.

Но Артемий и сам рассудил, что никто "стоящий" в такое время не пожалует, а потому и не спешил.

Новый, нетерпеливый звонок заставил его, однако, стукнуть подсвечником о стол и пойти отворить.

Приоткрыв дверь, он чуть рта не открыл от изумления и широко распахнул её.

Перед оторопелым лакеем стоял генерал во всей парадной форме, с крестами и звёздами, как ему показалось, покрывавшими всю его богатырскую грудь...

– Можно видеть нотариуса? – спросил генерал.

– Можно-с! Пожалуйте-с! Вот контора-с!.. Барин сею минутою.

И растерявшись до того, что совершенно не приметил странного обстоятельства, что посетитель был в одном мундире, без верхнего платья в такой мороз, Артемий опрометью бросился за барином.

– Пожалуйте-с скорее! – зашептал он, – генерал! Важнеющий!.. Вошли уж, ожидают!

– Ах, Господи! Что тут делать? Женичка! Мамочка! Выручи, Бога ради, выйди! Попроси минуту подождать! – отчаянно взмолился Иван Феодорович.

Евгения Гавриловна, накинув шаль, поспешила в контору.

В первой комнате, довольно ещё сумрачной в эту раннюю пору, действительно стоял высокий, сановитый генерал.

– Извините, ваше превосходительство! – разлетелась к нему г-жа

Лобниченко. – Муж сейчас выйдет! Прошу покорно сюда, к нему!.. Вот не угодно ли присесть, – кресло!

Но посетитель не двигался с места. Он только сказал:

– Я говорил господину нотариусу, когда он совершал этот документ, что попрошу его сохранить. Вот он... Я сам принёс!.. Прошу его передать моей дочери.

Тихий ли, торжественный голос генерала или другое что в нём поразило Евгению Гавриловну, но она почувствовала холодные мурашки вдоль спины и едва нашлась ответить.

– Он сейчас, сам...

Генерал кивнул головой и продолжал стоять среди светлевшей комнаты.

В нескольких шагах от него, на пороге следующей комнаты, стояла, так же, как он неподвижно, Евгения Гавриловна, глаз с него не сводила и сама не знала почему – "дрожмя дрожала".

Так через несколько минут застал их Иван Феодорович. Он спешил как мог, узнав же, кто его клиент, изумился и обрадовался, и заспешил ещё больше.

– Ах! Ваше превосходительство, как я рад!.. Вот! Я был уверен, что вы поправитесь!.. Слава Богу!.. Прошу покорно! Чем могу служить?.. Пожалуйте?

Но генерал не внимал и его просьбам, а продолжал стоять, где был и повторил вновь, почти дословно свою будто бы заученную речь.

– Я вас просил сохранить этот документ. Я принёс его сам... Прошу вас, господин нотариус, лично передать его в руки дочери моей, как только узнаете о моей смерти.

"Батюшки! Что ж это с ним?.. В рассудке ли?.. Какой странный!" – думал Иван Феодорович.

– Помилуйте, ваше превосходительство! Зачем такие чёрные мысли?.. Бог даст, теперь скоро совершенно будете здоровы, уж если доктора вам выходить разрешили, – говорил он в то же время.

Генерал молча протянул ему маленький свёрток.

"Зачем это он так его скомкал? – изумлялся нотариус, развернув и расправляя знакомое духовное завещание. – Свихнулся, ну, право же свихнулся, сердечный! Верно на мозг бросилось!"

А сам продолжал громко:

– Неугодно ли вам написать адрес? Вот мы положим в конверт, запечатаем! – и он всё это делал, искоса поглядывая с возрастающим недоумением на неподвижного генерала. – Вам самим неугодно?.. Так потрудитесь мне продиктовать имя и фамилию вашей дочери.

Иван Феодорович присел бочком на стул своего помощника, обмакнул перо в чернильницу и посмотрел на генерала Дрейтгорна, в ожидании.

Генерал сказал явственно:

– Передать немедленно дочери моей, Анне Юрьевне Борисовой...

Лобниченко написал: "Анне Юрьевне, госпоже Борисовой"; а сам, подняв вновь удивлённый взор на своего раннего посетителя, его спросил:

– Как же – немедленно?.. Прошу прощения! Мне послышалось, что вы изволили сначала приказать отдать им... в случае вашей кончины?

Генерал утвердительно наклонил голову и пошёл к выходным дверям.

Нотариус бросился было за ним в прихожую, но генерал властно протянул руку назад, как бы воспрещая проводы. Иван Феодорович прирос к месту.

Когда посетитель его притворил за собою дверь, он опомнился и закричал:

– Артемий!.. Шинель генералу!

Но когда мрачный Артемий вынырнул из тёмного чулана, генерала уже не было в передней.

Артемий устремился на лестницу, сбежал в швейцарскую... Нигде никого.

– Должно здесь пальто, аль шубу оставлял! И сам надел, видно! – решил Артемий.

И почесав в голове, заключил:

– Сказано – все полоумные!

Он было вернулся в свой чулан, да с первых ступеней его окликнул разносчик с газетами.

– Захвати-ко, брат, вам "Новое время"...

– Давай! – протянул за газетой вниз руку Артемий; да вдруг, сам не зная с чего, спросил. – Не видал генерала?

– Какого генерала?

– Да вот... от нас сейчас вышел.

– Что ты, брат, очумел! – хладнокровно отвечал разносчик, – что ли генералы этаку рань бегают по улицам? Это нас только гоняют!

"Чудно!" – почему-то решил Артемий, медленно отсчитывая ступени.

Евгения Гавриловна наконец покончила распоряжения и сборы на Сенную и стояла уже в шубе, окутывая голову платком сверх шляпки, когда явился помощник её мужа, и писаря заскрипели перьями.

– Как же вы так поздно, Пётр Савельевич? – слышала она укоризненные замечания Ивана Феодоровича. – Я же вас просил вчера не опаздывать!

– Помилуйте! Да нынче вряд ли дело будет! – отвечал помощник, – ведь никого же ещё не было?

60

– А вот и были!.. Да ещё какой важный клиент!.. Генерал Дрейтгорн привозил на хранение своё духовное завещание, что тому два дня я ему делал?

– Что? – протянул помощник, – да, ведь, говорили, он вчера скончался!

– Ну, вот!.. Мало чего говорили!.. Сам нынче доставил... Давай сюда!

Артемий подал внесённую им в эту минуту газету.

Иван Феодорович Лобниченко взял её и, против обыкновения минуя первый лист, сам не зная чем руководствуясь, прежде всего остановился на обычной веренице чёрных рамок... Пробежав траурный список, он вздохнул, будто облегчённый.

В эту минуту из коридора, уж вся окутанная, вошла Евгения Гавриловна и первым делом, тоже совсем не сообразно со своими привычками, наклонилась к газете и спросила:

– А кто умер?

Они и по сию пору оба, муж и жена, не перестают дивиться: что на них напало? Как могла им придти, казалось бы, такая невозможная, такая дикая мысль?

Но тем не менее факт остаётся фактом.

– Кто умер? Да многие, матушка. Кому час пришёл – тот и помре! – шутливым тоном отвечал ей муж.

"Нарочно", – как он впоследствии сознавался, а совсем не потому, чтобы шутить хотелось.

И говоря это он медленно оборачивал газету первой страницей вверх, притворно смеющимися глазами засматривая в лицо своей супруги.

Это когда-то красивое и ныне ещё миловидное, несмотря на погромы лет и некоторое излишество жиру, лицо было дорого Ивану Феодоровичу, как и во дни его первой молодости. И вдруг это милое, спокойно приветливое лицо, на глазах его вытянулось, побледнело, исказилось ужасом и застыло широко-открытыми глазами в верху первых столбцов "Нового времени"...

– Что?.. Что такое, мамочка?!. Женичка!.. Тебе дурно? – в страхе восклицал нотариус, стараясь обхватить несколько пространную для полного обхвата талью жены, поверх солопа. – Пётр Савельевич, голубчик, воды!..

Евгения Гавриловна замотала головой и, всё ещё не находя голоса, могла лишь поднять руку и, уронив указательный палец на объявление во главе газеты, многозначительно постучать им по широкой траурной рамке.

И муж её и любопытно приблизившийся помощник его прочли одновременно:

"Ольга Всеславовна Дрейтгорн с душевным прискорбием извещая о кончине супруга своего генерал-лейтенанта

ЮРИЯ ПАВЛОВИЧА
ДРЕЙТГОРН,

последовавшей вчера 22 декабря, в половине первого пополудни, покорнейше просит родных и знакомых..."

И прочее...

Далее они читать не стали, а поглядели друг на друга вопросительно.

– "Последовавшей вчера, 22 декабря!.." – выразительно повторила Евгения Гавриловна.

И, перекрестившись на икону, молитвенно прибавила:

– Упокой, Господи, душу раба Твоего!

Перекрестился за ней и Иван Феодорович и поник седой головой, в небывалом раздумье.

Через минуту помощник его неуверенно проговорил:

– Кого ж это он вместо себя присылал?.. С завещанием-то к вам, сюда!

– Кого? – вскинул на него глазами принципал. – А не знаем! Бог знает!

И тут же, выйдя из конторы в свои комнаты, супруги было сговорились не только что от своей Женички хранить в тайне это казусное происшествие, но без нужды никому о нём не рассказывать... Ну! Да ведь шила в мешке не утаишь!.. А уж что ж это за тайна, которую знают трое или четверо?

* * *

В тот же день, после торжественной панихиды по усопшем, нотариус Иван Феодорович Лобниченко, в присутствии официальных свидетелей передав пакет, содержавший духовное завещание покойного генерала Дрейтгорна, дочери его, Анне Юрьевне Борисовой, – заявил, что имеет на то личное, строжайшее его приказание.

Ни она и никто в этом не увидали ничего особенного.

Однако со свидетелями, подписавшими завещание и с доктором в особенности ему пришлось иметь объяснение весьма затруднительное... Что мог он показать, кроме истины?.. Как ни была она необычайна, но что возможно возразить против очевидности? Факт был неоспорим: завещания они не могли не признать. Благо, что оно, таинственно исчезнув из шкатулки покойного, оказывалось у официального лица, в сохранности и неприкосновенности. Закон был соблюдён и справедливость восстановлена.

Это было главное.

Что сказала на это вдова, Ольга Всеславовна?.. Как она приняла появление нового завещания и все сопряжённые с ним, для неё, невзгоды?

Вначале, когда эта история, очень похожая на святочный вымысел, поразила и заняла всех, до кого дошли её странные подробности, генеральша о ней говорить ничего не могла. После обморока, в который бедняжка упала, молясь ночью у гроба своего супруга, она заболела нервной горячкой и шесть недель была между жизнью и смертью. Поправившись, она уехала куда-то, – только не заграницу, – по-видимому спокойно покорившись своему положению.

Теперь, говорят, она сильно изменилась и в нравственном и в физическом отношении: притихла, часто болеет; сразу опустилась и постарела... Всё, слышно, разъезжает по монастырям, да по храмам с чудотворными иконами и служит панихиды да молебны.

СОН В РУКУ

Святочный рассказ

I

Было 24 декабря. Снег валил хлопьями с утра, а к вечеру приморозило, и луна ярко светила с прояснёвшего неба, когда мы с мужем вернулись домой, усталые, проголодавшиеся.

Нам приходилось устраивать своё хозяйство наново в городе, где я родилась и провела всё своё детство, но который оставила давно и не видала много лет. Мы едва успели устроиться, когда подоспели праздники. Даже в сочельник, кроме разъездов для праздничных необходимых закупок, пришлось нам побывать в нескольких мебельных складах, — не экономии ради, а лишь потому, что я обожаю старинные вещи.

Однако несмотря на усталость, приходилось ещё поработать до позднего обеда; я терпеть не могла беспорядка. Надо было указать самой, куда ставить вновь купленные вещи. Когда двое людей внесли тяжёлую, старинную кушетку красного дерева на львиных ножках и со львиною головой, свирепо глядевшей из-под мягкой штофной ручки, — я с минуту колебалась. Она была куплена для кабинета мужа; но оригинальный фасон её, удобные изгибы, всё, — даже до своеобразного рисунка её серой обивки, расшитой пёстрыми шелками, — мне так поправилось, что я попросила его уступить её мне... Мне казалось, что на ней удивительно приятно полежать, в часы досуга, в dolce far niente, с книгой в руках; помечтать в сумерки, любуясь огоньком в камине, а не то — грешным делом, и подремать, уютно прислонясь к ловко выгнутой мягкой спинке.

Муж смеялся над моей фантазией.

— Этот прадедовский диван так велик, — сказал он, — что займёт всю твою уборную. Да его прежде необходимо перебить: крысы съели всю бахрому!

— И это очень жаль! — отвечала я. — Бахрома и старый штоф на нём прекрасны!.. Деды и бабушки наши понимали истинный комфорт и вкус имели изящный... Я уверена, что эта кушетка вышла из хорошей мастерской. Обивать её вновь я не стану, — это было бы святотатством! А просто велю подновить бахрому и кисти.

И так громоздкая кушетка была водворена в моём кабинете, комнате,

64

которую муж мой, не признававший необходимости письменных занятий для жены, упорно называл "уборною"; а на стену над кушеткой я прибила лампу с матовым абажуром, собственно для удобства моих чтений.

Звезда, путеводительница Волхвов, давно просияла на морозном небе. Постные щи и кутья давно были поданы и стыли; человек два раза приходил докладывать, что "кушать подано", а у меня всё ещё находилось то одно, то другое дело, я всё ещё устраивала и переставляла вещи, то отходя, то снова возвращаясь. Я бы не медлила, если б не уверенность, что Юрий Александрович занят; я слышала голос его в другой стороне дома, – всё равно пришлось бы ждать его. Но среди моих хлопот и возни меня начинало интересовать, почему он, такой всегда пунктуальный, медлит и на кого сердится?.. Голос его раздавался раздражённее и громче. Он с кем-то имел крупное объяснение...

Любопытство превозмогло голод. Я оставила свою комнату, но вместо столовой прошла к мужниному кабинету и остановилась у дверей в недоумении. Я знала, что ничего не совершаю беззаконного, – у нас не было тайн. Через полчаса он рассказал бы мне сам в чём дело.

Я услышала незнакомый, мужской голос, который авторитетно говорил:

– А я утверждаю истину! Жена ваша не имеет прав на этот капитал. Он завещан прадедом её князем Рамзаевым, наследникам его старшей дочери лишь на тот случай, если по истечении пятидесяти лет не окажется наследников его меньшего сына, князя Павла Рамзаева. Наследница князя Павла существует, – как я имел уже честь докладывать, – это внучка его, дочь родного его сына, мисс Рамсей...

– А я вам говорю, что всё это ложь! Что вас самого обманули какие-то авантюристки, которые надеются помощью созвучия фамилий воспользоваться не принадлежащим им! – сердито возражал мой муж, ходя большими шагами по неустроенному ещё кабинету, между связками бумаг и книг разложенных по полу, открытыми ящиками и зияющими шкафами. – Доказательства должны бы сохраниться, – а их нет!

– А кольцо? – прервал посетитель. – А печать?

– И кольцо, и печать легко могут быть украдены, и подделаны, и всяческою случайностью могли попасть, после смерти Рамзаева, первым встречным. Должны были быть документы, бумаги, законные свидетельства...

– Но если я вам говорю, что они сгорели!.. Пожар всё уничтожил, когда муж госпожи Рамсей ещё был ребёнком. Они в том не виноваты! Конечно, повторяю, законных доказательств и документов на право наследства у них нет. Но – всякий по себе судит – я взялся переговорить с вами о их правах, известить о них вашу супругу, потому что я, будучи уверен в их личностях, отдал бы им их собственность... Это достоверно.

— Не менее достоверно и то, что и я бы поступил точно так же, — высокомерно возразил мой муж, и я уже слышала в его тоне знакомую мне нотку гнева, который он не всегда умел сдерживать, — если бы я был уверен в этом! А я не только не уверен, но вполне сознательно отвергаю всякую возможность такого факта... Как?.. Чтобы существовали законные наследники капитала, отложенного прадедом моей жены, и — пятьдесят лет зная об этом — молчали о своих правах?! Чтоб этому поверить — надо быть помешанным или...

— Или?.. Что же?.. Доканчивайте, милостивый государь!

— Что ж? И докончу!.. Или надо быть самому заинтересованным в успехе этого... необыкновенного предприятия.

— Другими словами: мошеннического предприятия, хотели вы сказать? — со сдержанным гневом прервал посетитель. — Так я должен вам сказать...

Но тут я, в смертельном страхе за исход этого дурно разыгрывавшегося объяснения, неожиданно вошла в комнату, чтоб прервать его до беды.

— Обедать подано, друг мой! — сказала я, будто не замечая нашего посетителя.

Но он сам встал и почтительно поклонился. Я увидала пожилого человека, с загорелым, открытым лицом, обросшим бородою, с честными серыми глазами, прямо смотревшими в глаза каждому. Его форменный сюртук сказал мне, что он моряк, и, как было по всему видно, моряк испытавший не одну бурю морскую и житейскую.

Я тут же успокоилась. Юрий вспылил — это правда, но гость его не из тех, что готовы вспыхивать по первому шероховатому прикосновению.

Я отвечала на поклон и посмотрела на мужа, ожидая, что он назовёт его.

Юрий Александрович проговорил неохотно:

— Капитан Торбенко. Только что прибыл из кругосветного плавания и явился к нам уполномоченным какой-то англичанки, госпожи Рамсей, имеющей претензию быть вдовой твоего дяди, князя Рамзаева.

— Какого именно? — осведомилась я. — Двоюродного?.. Сына дядюшки моего отца, князя Павла?

— Так точно-с, — подтвердил моряк.

И обратясь, с готовностью повторил всё мною слышанное из-за дверей.

— Что же! Очень может быть! — сказала я. — Если это правда, то без сомнения дама эта или дочь её имеют право на отложенный прадедом нашим капитал.

– Вот!.. Это именно то, что я имел честь доказывать вашему супругу! – обрадовался Торбенко, и всё лицо его расцвело широкой улыбкой.

– Конечно!.. Девушка эта ведь такая же правнучка князя Петра Павловича Рамзаева, как и я!

Тут мой муж нахмурился.

– То есть это что же значит? – спросил он, сердито на меня уставившись. – Не хочешь ли ты по первому слову какой-то самозванки, подарить капитал в сорок тысяч?.. Ведь десять тысяч князя Петра, в пятьдесят-то лет, должны возрасти более чем вчетверо.

– Во сколько бы они ни возросли, деньги эти бесспорно должны принадлежать княжне Рамзаевой, если она существует.

– Да! Если она существует! – гневно рассмеялся мой муж, в то время как его собеседник, не воздержавшись, радостно протягивал мне руку.

Я подала ему свою, улыбаясь.

– Я знал! Я знал, что вы будете моего мнения! – повторял он, пожимая мне руку, да так, что пальцы мои беспомощно хрустнули в его заскорузлых ладонях.

– Ещё бы! Точно так же, как и Юрий Александрович! – сказала я. – Двух мнений о таком простом деле у честных людей и быть не может.

– Без сомнения. Только для этого надо, чтоб личности, имеющие претензию носить имя и титул твоих предков – представили на них свои несомненные права!

Моряк вскочил и, прямо на меня глядя, спросил:

– Вам, конечно, известны печать и герб князей Рамзаевых, сударыня?

– Разумеется! У меня и теперь бабушкина печать, которую она наследовала от отца своего.

– Так вот-с. Не угодно ли вам посмотреть и решить: что это такое?

Торбенко вынул из кармана тщательно сложенную бумажку, с оттиском на ней небольшой, особенно отчётливо выдавленной печати.

– Это несомненно герб князей Рамзаевых! – не колеблясь подтвердила я.

Моряк чуть не подпрыгнул от восторга и повернулся к мужу, торжествуя.

– Да кто же в этом сомневался? – вскричал сердито Юрий. – Это не только печать Рамзаевых, но весьма вероятно, что она сделана именно кольцом князя Павла, как вы то утверждаете. Но что же это доказывает?.. Что кольцо, как и подобает дорогой и прочной вещи, пережило своего хозяина и служит ныне замыслу ловких особ, желающих им воспользоваться для присвоения себе чужой собственности, – вот и всё!.. Это кольцо с печатью, подаренное князем Петром сыну своему, пред его отбытием в кругосветное плавание, – из коего он не вернулся и ни разу не писал, – значится даже в нашей семейной хронике. Ведь я сам немного в родстве с князьями Рамзаевыми... Я даже прекрасно помню, как покойница матушка моя рассказывала, что её мать ужасно любила своего кузена, Поля Рамзаева, – чуть не заболела от горя, когда он пропал. Будучи совсем старушкой, бабушка не могла рассказывать без слёз об умилительном прощании старика Петра Павловича с уезжавшим сыном. Старый князь тогда же дал ему это гербовое кольцо, сняв с своего пальца. И ладанку, с образом Петра и Павла, снял с груди и надел на него...

– Ну вот-с, как хорошо! Вы сами изволите помнить! – прервал моряк. – Об этом образке госпожа Рамсей тоже мне рассказывала: муж её после смерти отца носил его несколько лет на груди. Ведь его также звали Петром, в честь деда...

– Так куда же девался этот образ? – спросила я.

– Затерялся, – добродушно пожал плечами Торбенко. – На ночь маленький князь снимал его, и вот, было ему лет десять, когда случился у них пожар и всё имущество их, все бумаги и документы сгорели... Вдова Рамзаева или Рамсей, – как их прозвали на английский лад в Америке, – едва могла спастись со своим сыном... Всё погибло. Погибла и ладанка. И кольцо не уцелело бы, если б вдова князя Павла не носила его сама постоянно... В этой гибели и заключается причина молчания его наследника, Петра Рамсея. Добродушный и скромный был он человек! – с улыбкой продолжал объяснять моряк, обращаясь ко мне лично. – Утратив доказательство на принадлежавший ему титул, князь Пётр оставил и помышлять о правах на восстановление своей личности в России. К тому же, он сжился со вторым своим отечеством, Америкой, до такой степени, что пожалуй и сам бы забыл, кто он такой, ежели бы ему не попалась публикация... Обрывок старой газеты, о которой я говорил супругу вашему.

– Но я не слышала... Какой газеты? – спросила я, сильно заинтересованная.

– Английской газеты, в которой делался вызов наследникам князя Павла, – объяснил мне муж.

– Ах, как же!.. Я знаю. Такие вызовы и заявления о капитале положенном на имя их прадедушкой – много лет печатались в русских и иностранных газетах...

– Да знаю! – нетерпеливо прервал Юрий Александрович, продолжая ходить и вертеться по кабинету, как лев по клетке. – Знаю!.. Чуть ли не моя бабушка, – та самая, что питала романическую страсть к кузену Полю, – и следила за их печатанием. Но никто, никогда, на них не откликнулся.

– Я сам читал такое заявление, – сказал Торбенко. – Оно хранится у вдовы вашего дядюшки...

– Что ни мало не доказывает, что хранящая его особа есть точно вдова князя Петра Рамзаева – Петра номер второй! – насмешливо заметил муж мой. – Скажите сами, не удивительно ли, что, прочитав об этом, князь Рамзаев – если это был он – не заявил о себе?

– Он заявлял! Уж это извините!.. Он несколько раз писал на имя деда, но письма его, вероятно, не доходили... Вы сами изволили, помнится, сказать, что старый князь, пережив всех детей своих, впал в детство и последние годы не мог действовать самостоятельно.

– Это правда, но его окружали люди честные и правоспособные...

– Его родная дочь, бабушка моя Коловницына, распоряжалась всем, – прервала я мужа. – Она, полагать надо, горевала о брате не менее его самого и радостно схватилась бы за всякую о нём весть...

– Быть может, при жизни её, о Рамзаевых ещё и не было вестей... – вставил Торбенко.

Но я не дала ему договорить:

– Помилуйте! Когда бабушка умерла, её сын, отец мой, был уже взрослый человек, и смею уверить вас, что он не совершил бы дурного дела ни из-за какого наследства! – вскричала я горячо. – Если бы хоть одно письмо дяди Павла или сына его было получено, оно не осталось бы без последствий и без ответа.

– Не сомневаюсь в том, сударыня. Это доказывает лишь то, что письма князя Петра не доходили до него.

– Куда же могли они деваться?

Моряк только развёл руками.

– О, если бы я мог ответить на ваш вопрос, сударыня!.. Я не сомневаюсь, что будь у вас в руках хоть одно из многих писем, которые князь Пётр, по уверению вдовы его, писал своему деду, бедная маленькая Елена Рамсей вошла бы в права княжны Рамзаевой и получила бы своё состояние.

– Елена, говорите вы?.. Её зовут Еленой? – удивилась я. – Это тоже наше семейное имя. Так звали бабушку, так зовут и меня.

– Ни мало не дивлюсь, – отвечал моряк, пожимая плечами с добродушной улыбкой. – Отец Елены Рамсей стал чистокровным гражданином Соединённых Штатов; но его отец, князь Павел, до самой смерти своей был русским и свято хранил все предания и заветы своей семьи и своей родины. Пётр Павлович вероятно не раз слышал от отца рассказы о семейных преданиях и знал семейные имена ваши... Вот вам ещё доказательство!

– Которое весьма мало доказывает, ибо легко может быть случайностью, – упрямо заметил мой муж. – Да что тут! Скажу вам решительно: вашим клиенткам, капитан, могла бы только помочь выписка

69

из свидетельства о рождении в Америке сына у пропадавшего там и пропавшего без вести князя Павла Петровича.

– Ну, мой друг, положим, что мы с тобой удовольствовались бы доказательством гораздо менее формальным, – заметила я.

– Например?

– Да например хоть малейшим, сколько-нибудь убедительным признаком действительности существования в Америке брата моей бабушки Коловницыной. Тогда, явилась бы полная возможность верить и тому, что у него остались дети!.. А то ведь вся семья была убеждена, что grand-oncle просто погиб в океане или в плену у каких-нибудь дикарей...

– Оно почти так и было! – прервал меня гость наш. – Князь Павел имел обыкновение заплывать очень далеко и любил охотиться. Раз, во время штиля, они должны были простоять несколько дней у какого-то, малоизвестного островка Океании, где все пассажиры и моряки только и развлекались охотой да купаньем, – и тут-то пропал Рамзаев. Все на корабле сочли его утонувшим, а дело было так: он забрёл внутрь острова, охотясь, сломал себе ногу и пролежал разбитый, в беспамятстве, вероятно, несколько дней. Дать знать о себе он не мог; экипаж его напрасно разыскивал, и наконец моряки ушли, в полной уверенности, что он погиб. Он и остался в пренесчастном положении, пленником дикарей-островитян...

– Как это они его ещё не съели? Хорошо, что не к людоедам попал! – посмеивался Юрий.

Но я нашла его иронию неуместною и продолжала расспрашивать Торбенко:

– Как же он выбрался от них? Как попал в Америку?

– Да нескоро. Не ранее нескольких лет удалось ему попасть на какое-то судёнышко, плывшее в английские владения, в Австралию. Оттуда уж его подобрали англичане, и очутился он в Соединённых Штатах... Не забудьте, что ведь это происходило более полувека тому назад, когда не только что о телеграфах, а даже и о паровых-то сообщениях не ведали!.. Что мудрёного, если письма пропадали?.. Ещё то возьмите во внимание, что князь Павел не сидел в Вашингтоне или Нью-Йорке, а забрался в такую глушь, где плуг и колесо бывали в редкость. А о сообщении с Европой и помышлять, в те времена, нельзя было.

– Да какая же крайность его погнала в такие трущобы?

– А самая наикрайняя-с! Голод, вот что-с. Там титул титулом, а есть-то всем равно каждый день надо. Да-с!.. Вот этот самый голод и погнал, верно, дедушку вашего туда, где пока до наследства и без денег можно было сытому быть. А раз попав туда и вырваться стало трудно... Там князь и женился, и умер, после тяжкой, говорят, и долгой болезни… Восьмилетний сын никогда его не видал здоровым.

— Однако же сын этот должен же быть крещён и где-нибудь записан? — спросил мой муж. — Были же и в тех американских саваннах, или пампах, какие-нибудь метрики и приходские книги.

— Захотели!.. Там и церкви-то никакой ближе тысячи вёрст, тогда, может, не было… А если и было какое свидетельство, так и то погибло в пожаре, как я вам докладывал.

— Очень жаль-с! Очень грустно — для вдовы и дочери князя Петра! — иронически произнёс муж мой, вставая, как человек решившийся прекратить ни к чему не ведущее объяснение. — Во всяком случае прошу вас покорнейше заявить княгине и княжне моё непременное желание передать им сполна всё наследие прадеда, как только их прямое происхождение от князя Павла будет несомненно доказано. Жена моя и я готовы и обязуемся исполнить эту волю покойного прадеда, даже в том случае, если бы ей прошёл законный срок, — назначенное им пятидесятилетие. Даже и тогда. И своих наследников мы обяжем к тому же… Но опять-таки не иначе, как по представлении несомненных доказательств уж если не законного брака, то хоть какого бы то ни было, — законного или беззаконного, лишь бы действительного рождения вашего мифического князя Петра и его потомства!.. А затем-с, не угодно ли вам будет откушать нашего простывшего постного обеда?.. Я думаю, щи успели превратиться в холодный винегрет. Как ты думаешь, Лена?

Нечего и говорить, что посетителю нашему, после такого заявления, оставалось только поспешно откланяться, извинившись, что продержал нас голодными.

Пожимая мне с горячностью руку, Торбенко объявил, что надеется на меня, и вышел, разумеется, не особенно довольный, из нашего дома.

Нельзя сказать, чтоб и мой супруг блистал кротостью расположения духа в этот памятный нам сочельник. Досталось всем! В особенности лакею и повару, допустившим кушанья простыть или пережариться… Я молча предоставляла гневу его изливаться; да по правде сказать и мало слышала, что вокруг нас делалось. Я вся была поглощена только что слышанным: возможностью существования наших американских родственников, прямых наследников угасшего в России рода князей Рамзаевых.

II

Воспоминание об исчезновении единственного сына прадеда, Павла Петровича, давно обратилось в семейную легенду нашего дома. Бабушка моя, Коловницына, наследовавшая всё состояние Рамзаевых, передавала сыну (моему отцу), что несмотря на деятельные розыски брата отцом её, на все его письма и публикации никогда не было ответа. В ней и сомнения не оставалось в смерти князя Павла и в том, что капитал, "на всякий случай" отложенный прадедом моим, со временем перейдёт к её прямым наследникам, детям её единственного сына.

Отец мой был женат два раза; но дети его от первого брака все умерли в малолетстве. Оставалась одна я, дочь второй жены, рождённая в старости его, когда уж он не думал иметь наследников.

Я знала из наших семейных воспоминаний, что отец мой был очень несчастлив с первою женой; это была болезненная, капризная и недобрая женщина, отравившая последние годы жизни бабушки, а после смерти её, положительно притеснявшая, дожившего до глубокой старости отца её, князя Петра Павловича...

Вообще воспоминание об этой дурной и несчастной женщине легло каким-то кошмаром на всю семью Рамзаевых и Коловницыных.

Мать моя, женщина чрезвычайно богобоязненная, никогда не говорила о ней; но старушка-няня, Мавра Емельяновна, почётное лицо в нашем доме, старушка служившая верой и правдой ещё первой семье отца моего, рассказывала мне часто, тайком от отца с матерью, эпизоды из прошлого, интересовавшие меня, как всякого ребёнка интересуют нянины сказки. От неё узнала я, что её первая "покойница-барыня – не тем будь помянута! – нрава была крутого, своеобычного и непокладливого"; что она много сама повинна была в семейных несчастьях своих, в потере детей... "Никого покойница не любила опричь их, – а их уж без ума, без разуму баловала! – рассказывала Мавра Емельяновна. – Всё позволяла им! Ни в чём не было им запрету, ни завету, – вот и накликала сама на них беду"...

Отчасти это была правда. Старшая сестра моя, едва дожив до шестнадцати лет, во всём околотке приобрела славу какой-то полоумной, беспардонной сорвиголовы. И умерла-то она по своей вине. Страстная охотница до лошадей и верховой езды, она, в отсутствие отца, выдумала себе забаву: сама заводских лошадей объезжала. Ну и не совладала с горячим конём! Сбросил он её на землю, на всём скаку, и убилась, бедняжка, на месте... Мать чуть не умерла сама от горя, но за ум не взялась – с сыном не стала строже; а напротив, вечно из-за него поднимала ссоры с отцом, крик и брань с няньками, гувернёрами и учителями и положительно в ад превратила семейную жизнь своего мужа. Наконец и сын несдобровал: по двенадцатому году он курил и кутил и до того извёлся, что душа в теле едва держалась. А потом вздумалось ему, позднею осенью, когда уж пруды салом затягивало, искупаться; простудился, схватил горячку и умер, едва не уморив и родителей своею смертью. Мать не вынесла этого горя, заболела душевною болезнью и года через три скончалась в жестоких страданиях.

Вторично мой отец женился нескоро, лет через десять, и совершенно неожиданно для самого себя. Он так исстрадался в семейной жизни, что не хотел и думать о втором браке.

Случилось ему приехать по делам наследства в этот самый город, где жили мы теперь. Надо сказать, что город и губерния эти искони были гнездом всех князей Рамзаевых; здесь был старый дом бабушки Коловницыной, где отец мой провёл всё своё детство и первое время женитьбы, живя у неё и у своего деда. Возвратясь на родину, он снова поселился в этом доме, но долго не нажил. Его мучили там воспоминания, отравлявшие счастье вторичного его брака, в который он вступил, как я уже сказала, нежданно-негаданно, тотчас по приезде сюда. За десять лет вдовства отец мой привык к переменам, к кочевой жизни; года через три после моего рождения, не довольствуясь постоянными поездками заграницу, он вздумал совсем уехать; и несмотря на печаль матери моей и нежелание её экспатриироваться, дом и поместья наши здесь были проданы, а семейное гнездо перенесено в подмосковные вотчины Коловницыных. Там я взросла, там умерли мои родители, там я вышла замуж, и вот теперь, по службе мужа, пришлось мне снова водвориться на прадедовском пепелище.

Дом, где я родилась, интересовал меня чрезвычайно, не умею сказать почему, так как воспоминаний о нём я никаких не могла сохранить; разве по той особой привлекательности, какую сообщили ему рассказы няни Мавры Емельяновны, да ещё одной старой тётушки, когда-то гостившей здесь в нашей семье и упорно утверждавшей, будто отец мой оттого в нём не ужился, что имел там какие-то "видения"...

– Твой отец был оригинал и фантазёр! – говорила мне эта допотопная тётушка. – Il était d'humeur fantasque et portИ au mysticisme; но не он один, другие видывали в вашем доме странные явления... C'était une maison hantée, il n'y a pas a y redire!

Несмотря на эти предостережения, очень может даже быть, что именно вследствие их, я ещё на дороге мечтала, что найму этот дом и поселюсь в прадедовских покоях. Но это оказалось невозможным. Новые хозяева давно в нём не жили и в течение тридцати лет не ремонтировали его. Он стоял холодный, заплесневелый, наглухо заколоченный и в немом запустении доканчивал свой долгий век... При одном взгляде на него я поняла, что жить в нём невозможно, и втайне подумала, что если могут быть дома "посещаемые", как о нём утверждала тётушка, то именно теперь в нём удобно расхаживать на просторе посетителям-привидениям. Громко я не высказала своей мысли, зная, что муж мой, человек практический и реалист по образу мыслей, не любит таких фантазий...

Однако, дня два тому назад, увидав сторожа у ворот этого дома, я не воздержалась от желания хоть взглянуть на старые комнаты, в особенности на детскую, которую, казалось мне, я ещё помнила...

В самом деле, в ней была оригинальная печь с колонками и выпуклыми изразцами, на которую я взглянула, как на милое воспоминание детства. С неизъяснимым чувством любопытства, печали и неопределённого страха, пошла я по тёмным теперь, запущенным покоям, с покосившимися потолками и скрипучими половицами, со старинною мебелью, сложенною и сдвинутою в бесформенные груды. При виде этих кресел, вычурных столиков и бюро с выпуклыми крышками, со множеством отделений и ящиков, у меня глаза разбежались...

— Не продаётся ли эта мебель? Нельзя ли купить что-нибудь из неё? — спросила я сторожа.

— Ой, нет, сударыня! — отвечал тот. — Это всё заповедные вещи, господами отобранные, которые я должон беречь... Для них больше и печи протапливаю.

— Жаль!.. Я бы купила хоть их. Дом разваливается — не то бы я его наняла! Да и мебель всё равно, даром пропадёт... Скажите, не знаете ли вы: это всё ваших, теперешних господ вещи или ещё между ними старинная, Рамзаевская мебель? От старых владельцев не осталось ли в доме чего?..

— Не могу доложить вам. Может что и найдётся, да я не знаю, потому я при доме не боле годов пяти состою... А вот, ежели угодно вашей милости, извольте у купца Барского в складах мебельных побывать. У него там этакой старины до пропасти!.. И наша барыня, когда напоследок отсюда уезжала, тоже очень много чего ему продала и на комиссию также отдали, для продажи. А отселева никак невозможно!.. По той ещё причине, что я господ ожидаю.

— Как?.. Неужели они хотят жить в этой развалине?

— Нету-с, не жить; а прибудут сюда молодые господа отобрать: что в деревню отошлют, а что может сами продавать станут, не знаю. А дом никак снести желают, по ветхости, и новый строить будут.

Юрий Александрович спешил домой, к своим занятиям; назвал меня фантазёркой и мечтательницей и не дал даже времени всё осмотреть в моём старом доме...

– Неужели ты не боишься, что от сотрясения половиц под нашими ногами на голову нам свалится балка? Или мы сами сквозь пол провалимся в подвал, наподобие настоящих привидений? – смеялся он. – По моему это весьма вероятное и единственное "проявление" и "посещение", которое может нас перепугать в этой сгнившей скорлупе... И признаюсь: я страшусь его гораздо более знакомства с тенью одного из наших предков.

Я согласилась, что самим провалиться или на голову принять потолок несколько страшней, чем увидать привидение; а всё-таки вздохнула о старом доме, выходя из него и долго оглядывалась на его пожелтевшие от лет деревянные стены, сожалея о том, что скоро их снесут, и с ними исчезнет последняя память о старом роде князей Рамзаевых в этих местах.

Всё это я вспомнила теперь, входя, после нашего бурного обеда, к себе в комнату, при взгляде на мой старомодный диван-кушетку. Ведь и он принадлежал "старому дому". По крайней мере купец Барский, у которого я его разыскала по указанию сторожа, клялся мне, что купил его ещё при распродаже Коловницынских вещей, забракованных новыми владельцами нашего дома. Юрий был убеждён, что это невинная выдумка старого торговца, смекнувшего из наших разговоров в чём дело и желавшего повыгоднее сбыть товар, считавшийся никуда не годным старьём. Но я склонна была верить, что Барский не лгал. Мне было приятно думать, что я нашла вещь, принадлежавшую искони моей семье; что на этом диване сиживали деды мои и бабушка, и быть может отец мой игрывал, будучи ребёнком...

Чем более я вглядывалась в мою кушетку, тем более она мне нравилась. Её мягкие, спокойные изгибы так и манили прилечь... И я прилегла, попробовала свой диван и очень уютно свернулась в глубине его, на атласистых, нежных подушках. Так уютно и спокойно, что мне уж и встать не захотелось. Я только потянулась, улыбаясь от удовольствия, когда Юрий вошёл ко мне с сигарой и чашкой кофе, которые вероятно успокоили и его расходившиеся нервы.

Он сел возле в кресло, тоже улыбаясь, и сказал по обыкновению с лёгкою иронией в тоне:

– Ага!.. Первый литературно-мечтательный кейф на допотопном самосоне?.. Прекрасно!

"Самосон" было у нас посвящённое слово; термин прилагавшийся к спокойным диванам, на которых удобно было не только сидеть, но и спать, потому что они "сами сон нагоняли".

– Да, – отвечала я. – Лучше этого самосона у меня никогда не бывало!

– Ну, а где ж другой атрибут необходимый для твоего счастья? –

продолжал посмеиваться Юрий. – Где книга в парижской жёлтой обёртке, со свежеизмышленными бреднями Золя или Флобера?..

– Что ты, Бог с тобой! – протестовала я. – Уж назвал бы Доде, моего единственного избранника в нынешней французской литературе!.. Да я сегодня и того читать не стану. Ты забыл, что сочельник...

– Да, да! Твоя правда. Я вот отдохну полчасика, – устал с разборкой книг! – а потом съездим ко всенощной. Хотелось бы лоб перекрестить, хоть под великий праздник; а то после, как втянешься в службу, так уж некогда будет в церкви ездить, пожалуй!.. Ох! – потянулся он и сладко зевнул, – тяжела ты шапка Мономаха!.. Дела много, а лень одолевает!

– Тебе-то уж грешно себя в лени упрекать! Что ж мне про себя сказать?.. Я и встаю позже, и службы у меня нет, а вот тоже к самосонам большое пристрастие имею! – засмеялась я.

И видя, что его дурное расположение духа прошло, решилась вернуться к сильно занимавшему меня вопросу.

– Но вряд ли я сегодня засну... Знаешь, это известие выбило меня из колеи!

– Какое известие?.. Да! Моряка-то этого сказка?.. Вот уж вздор!.. Я бы давно забыл, если б не отвратительный, перестоявшийся обед!

– Однако нельзя же предположить, чтоб этот господин всё это выдумал?

– Он ли выдумал, его ли обманули, – я в это дело не вхожу и не намерен разбирать. Надеюсь, что ты меня достаточно знаешь, чтоб не заподозрить в алчности? Нам с тобой совершенно и даже более нежели достаточно того, что мы имеем; а детей у нас, по всей вероятности, уж и не будет... Жадничать мне не для кого. Но зря отдавать капитал, каким-нибудь авантюристкам, нет у меня ни малейшей охоты! Лучше на богоугодные заведения пожертвовать.

– Ну, а если в самом деле эти Рамсей – Рамзаевы?.. Как знать! Нет у них документов, – положим; но согласись, что пропажа документов – дело самое обыкновенное!.. Они не могут доказать нам кто они; но и мы не имеем положительных данных опровергать то, что они говорят... Почему же ты так убеждён в их лжи?

– Потому что правда, если б была она в их рассказах, стала бы известна десятки лет тому назад. Одно письмо – могло пропасть; но десятки писем – не исчезают. А поверь, мой друг, что князь Пётр, или тем более Павел, действительно существовавший и прекрасно знавший, что семья должна искать его, что отец тоскует по нём, – не раз и не два написал бы в Россию из Америки или Австралии, где бы он там ни очутился. Если он не писал и сыну не завещал, кому и куда писать, то лишь потому, что никакого сына у него не было, и сам он сразу попал в такие страны, откуда несть возврата... Надо быть ребёнком или восторженной мечтательницей, чтоб думать иначе и сочинять романы в нескольких томах на самое обыкновенное дело: смерть человека, погибшего более шестидесяти лет тому назад.

Я не стала противоречить, заметив в муже вновь пробуждавшееся раздражение; но втайне решила, что ещё повидаюсь с Торбенко, напишу его клиенткам. Юрий словно понял мои размышления:

— Поверь, что я не оставил бы этого дела, сам написал бы этим женщинам, если б не очевидная нелепость и фальшь... Это выдумка и шантаж, больше ничего... Подумай сама: могли ли люди нуждаться в помощи, быть может в насущном хлебе, весь век — и забыть о своём состоянии, о своих правах?.. Если князь Павел и предполагаемый сын его Пётр были не идиоты, — как могли они не попытаться восстановить свои права? Как объяснить, что в течение пятидесяти лет этот "Пётр" не только не домогался своего титула и наследия, но даже не написал ни разу?.. Ведь при нём и пары?, и почтовые учреждения, и телеграфы, — что там ни рассказывай твой капитан, легковер он или мошенник, его дело! — вошли в употребление и действовали исправно. Что же мешало ему ими воспользоваться?

— А может быть недостаток предприимчивости, равнодушие, лень, апатия... — предположила я. — Мало ли странностей в людях!

— Ну, значит он был форменный идиот.

— Не идиот, положим, а просто человек неразумный и равнодушный к благам мирским. России он не знал — и в титуле, а может и в состоянии, не нуждался... Теперь вдова его и дочь, как Торбенко говорит, бедствуют. Но при нём они жили безбедно, быть может богато... Все эти права покойного князя, его русское происхождение и сама Россия, вероятно, казались им такими далёкими, туманными, мифическими. Право, мой друг, это предположение возможно...

— При полном идиотстве — согласен.

— Ах, какой ты! Заладил — идиотство... А хотя бы и так. Разве жена его и дочь ответственны за поступки князя Петра?.. Должны страдать...

— Князя Петра?.. Ты удивляешь меня, Елена, — сердито оборвал меня муж. — Ты уж признаёшь формально этот миф?.. Право, можно подумать, что этот моряк околдовал тебя!

— Да! Он околдовал меня своим честным лицом, своим правдивым, ясным взглядом, своею убеждённою речью! — ответила я. — А подумай, Юрий, если не мы правы, а он — какой ответ дадим мы за несчастье Елены Рамзаевой и её бедной матери?

77

– Елены Рамзаевой!.. – развёл руками мой муж. – Ну, матушка моя, час от часу не легче!.. Ты положительно невозможна, своим невероятным легкомыслием, Hélène[3].

Юрий Александрович встал и отодвинул выпитую чашку кофе. Несмотря на шуточный тон его, я видела, что в настоящую минуту лучше не возражать своему главе и повелителю; а потому лишь улыбалась на его дальнейшие оскорбления.

– Да, да! – посмеивался он. – Ты была бы весьма лёгкою добычей г-д Торбенко, Рамсей и KR, если б эта почтенная фирма имела дело с одной тобою!.. Ну, так если я засплюсь, ты прикажи Маше разбудить меня ровно в шесть часов и поедем, ко всенощной.

– Я сама тебя разбужу, друг мой.

Муж вышел, а я улеглась половчее на своём диване, взяла нечитанную ещё в тот день газету и стала читать, без разбору, что попадалось на глаза.

Мне хотелось развлечься посторонними мыслями, но это оказалось трудно. Мысль моя не хотела оторваться от неожиданно открывавшегося семейного романа. Буквы мелькали предо мной, и я читала, но слова не имели никакого смысла. Читая эти слова, я продолжала думать о своём когда-то пропавшем родственнике; о романической судьбе, которая могла его постигнуть, если он не тотчас погиб; о жизни его, полной опасностей, лишений, тоски по родине и семье; о постепенном отчуждении, вследствие бессилия напрасных попыток, привычки и приобретения новых связей... Впрочем, если верить моряку, он прожил недолго. Но вот странный человек – это сын его! Возможно ли, хотя бы он и не нуждался материально, всю жизнь прожить, не попытавшись не только вернуться в своё настоящее отечество, но даже войти в сношения с родными, о которых он не мог не знать? Как не попробовать известить их, восстановить свою личность и права?.. Или действительно письма его пропадали?.. Это невероятно!..

А эти бедные женщины, мои американские родственницы... Всю жизнь проводят они в неизвестности, в заботах о куске хлебе, быть может в нищете. О, как ждут они теперь этого добродушного моряка, своего адвоката!.. Надежды их возбуждены. Они утешают друг друга, стараются не унывать, ожидая известий из дальнего, чуждого им края, откуда может придти к ним спасение... Может свалиться благосостояние и спокойствие: здоровье – матери, обеспечение от нужды и горя всей жизни – дочери, счастье им обеим... Может! Но придёт ли?.. Вернее, что не дождутся бедняжки, по неразумию мужа и отца, обречённые на вечный тяжкий труд и страдания...

---

[3] фр. Hélène — Елена. Прим. ред.

И не придёт желанное спасение – по нашей вине! По нашему недоверию, педантизму, сухости сердца и недоброжелательству... Впрочем, нет! Я бы с радостью отдала им должное, поделилась бы даже своим, если бы только знать и доказать мужу, что они не обманщицы... Но им-то наши побуждения безразличны! Какое дело им, из-за корысти и по недобросовестности или только по принципу мы овладели положением и не отдаём им их собственности?

Эти размышления меня возмущали.

Я ставила себя на их место и понимала, что они должны нас презирать и ненавидеть. У меня никогда не было детей, но я сочувствовала страданиям бедной матери, её беспокойству за будущность дочери. Я бы искренно желала утешить её, осчастливить их обеих, даже гораздо более дорогой ценою, чем эти ненужные нам деньги, им принадлежащие по праву... "То есть, вероятно принадлежащие им!" – поправила я самое себя, вспомнив разумные доводы мужа.

Но чем более я думала о них, тем сильней хотелось мне верить правам их и убедить в них мужа. Что-то говорило мне, что он ошибается, и я всей душой верила, что так или иначе права наших заморских родственниц будут восстановлены.

Я так утомилась, что чувствовала, как меня одолевала дремота и не противилась ей, хотя всё продолжала думать о них...

"Бедная маленькая Елена! – думалось мне в сладком полузабытьи, – ведь он, кажется, назвал её маленькою?.. Бедная девочка... как она мне приходится? Двоюродною... нет! троюродною сестрой. Неужели она так и проживёт, не получив своего?.. И она тоже промается, как отец её и дед промаялись всю жизнь... Но то были мужчины! Им легче было работать... А она бедная... маленькая, больная девочка"...

Тут уж не сознательные мысли, а какие-то образы, полусонные видения маленькой девочки, "Елены Рамзаевой", начали представляться мне. Я почувствовала, что совсем засыпаю, свернулась поуютней на мягкой кушетке и отлично заснула.

III

Не знаю, долго ли я проспала, вероятно не более получаса, и проснулась вдруг, – будто кто подтолкнул меня... "Всенощная!" – вспомнилось мне, и я поднялась в ту же секунду.

– Ах! Боже мой, не заспалась ли я?.. Надо скорее разбудить Юрия и ехать...

Против обыкновения, Юрий Александрович не заставил себя долго ждать и мне самой будить его не пришлось. Видно и он был проникнут во сне мыслью о необходимости ехать в церковь. Пока я надевала шубу и шляпку, он вышел в переднюю, и мы очутились вместе на крыльце.

Нас тотчас охватило приятным, бодрящим холодом морозной, зимней ночи. Звёздное небо особенно ярко сияло. Луна не показывалась, но не было темно, потому что всё на земле как-то само собой светилось... Мне очень нравилось такое необыкновенное освещение. Я шла под-руку с мужем и радовалась, что ему пришла благая мысль пройтись пешком, в такой чудесный вечер. Это с ним бывало редко, а я любила ходить и шла так легко, что не отставала ни мало от него, хотя он шёл очень скоро, большими шагами...

— Куда ж это ты, Юрий? — спросила я, заметив, что мы миновали церковь.

— А разве ты не рада пройтись? — отвечал он. — Ночь так хороша!.. Мы обойдём через сад, так будет гораздо лучше.

"Не пропустить бы всенощной!" — хотела я сказать, но не успела...

Не успела от изумления.

Мы входили в тёмный, городской сад. Таинственная тишь стояла под сводами аллей. Могучие ветви деревьев сплетались над нашими головами, еле вздрагивая от ночного ветерка и перешёптываясь листвой, сквозь которую кое-где проглядывали, ласково мигая нам, звёзды...

Я бывала днём в этом саду, но никогда не замечала, как чудно он хорош... Правда, тогда была зима... А теперь какие чудные, развесистые деревья! Какою свежестью, каким таинственным спокойствием весь он переполнен!

Мы шли молча, долго шли... Казалось этим аллеям, с лучистыми просветами, конца не будет, а я не чувствовала усталости. Во мне словно разлилась удвоенная сила. Эта живительная ночь и воздух действовали на меня возбудительно.

— Знаешь ли ты, куда я веду тебя? — вдруг спросил меня муж.

— Не знаю, но здесь чудо как хорошо!.. Какой большой сад!.. Какая густая, чудная зелень!

— Сад хорош, но не в нём дело. Сейчас мы выйдем из него, и ты увидишь свой бывший дом... Тогда ты не имела времени хорошо осмотреть его; так полюбуйся им теперь. Погляди, как он ярко сияет.

В самом деле, я увидала, что мы подошли к ограде сада, а за нею, прямо против ворот, за площадью, светился всеми окнами наш бывший, старый дом.

Что это значит?..

"Ах, да!.. Это наверное приехали хозяева! — вспомнились мне слова сторожа. – Но зачем такое яркое освещение, и все окна открыты, так что всё внутри дома светится как в фонаре?"

– Разве им не холодно? – спросила я мужа. – Ведь, кажется, теперь зима?

– Какая зима, Бог с тобою! Разве не видишь ты, как всё здесь цветёт и сияет?..

И он влёк меня через пустую, тёмную площадь, всё скорее и скорее, туда, – к моему дому.

Тут я сообразила, какой я говорю вздор. Что такое: лето, зима?.. Там, где мы находились, нет и быть не может никаких времён года.

Вот уж мы у самого дома... Он выходил на площадь углом. Всё, что происходило в угловой комнате, было насквозь видимо всем прохожим; но на площади, кроме нас, не было ни души.

Мы подошли к самому окну той комнаты. Я тотчас её узнала: в ней я недавно любовалась старинною мебелью. Но теперь мебель эта была не сложена в груду, а чинно, в порядке расставлена в просторной комнате, по старинному освещённой, не лампами, а тяжеловесными бронзовыми подсвечниками и бра. И всё в этом старом кабинете смотрело как-то официально, богато, – но не по нашему. В высшей степени заинтересованная, я внимательно рассматривала убранство, гравюры по стенам, тяжёлые кресла и столы с золочёнными арфами, с львиными ножками, – и вдруг чуть не вскрикнула от удивления. Кушетка!.. Моя кушетка! Та самая, которую я накануне купила в мебельном складе Барского. Она или двойник её стоял у стенки, против громадного письменного стола, рядом с дверями.

– Посмотри, – сказала я мужу, – вот пара моей кушетке. И обивка такая же, только новее...

Я не успела договорить. Дверь отворилась, и в комнату вошла молодая женщина.

Она поразила меня своим странным нарядом, а ещё более сосредоточенным, злым выражением своего красивого лица.

Точно будто она целиком сошла со старинного портрета, со своим высоко поднятым шиньоном, короткою, перетянутою под грудью талией и лёгким голубым шарфом... Позвольте!.. Ну, да, точно. Я видела такой портрет... Я знаю эту молодую, сердитую даму. Но... что ж это она делает?

Она быстро подошла к письменному столу; украдкой оглянулась, словно боясь, что за нею подсматривают; наклонилась к лежавшим на виду бумагам и письмам, и быстрыми, кошачьими движениями перебрав их, схватила одно и, ещё сердитее нахмурив брови, гневным, порывистым движением сорвала с него конверт.

81

Сама не знаю, как это сталось, но я следила за движением её глаз по строкам, и вместе с нею читала письмо... И по мере того как я читала, и смысл его мне уяснялся, я чувствовала, что сердце моё сжимается, и холодный пот проступает на лбу...

Ведь вот оно!.. Именно оно, нужное мне необходимое письмо!.. Я хотела закричать, отнять письмо, – но не могла ни шелохнуться, ни пошевелить языком. Я точно окаменела и смотрела с тоскливым ожиданием: что будет!

Молодая женщина прочла и гневно подумала, – да, подумала. Я читала и письмо, которое она держала в руках, и мысли, пробегавшие в её голове...

Она подумала:

"Отнять у детей моих состояние?.. Я не позволю!.. Чтоб этот выживший из ума старик оставил нас, своих законных наследников, ни с чем, в пользу этих вновь проявившихся внуков, заморских князей Рамзаевых?.. Не бывать тому!"

И она поднесла было письмо к горевшей свече, но в эту минуту раздались шаги. Сжечь письма молодая женщина не успела, а только нервно сжала его, скомкала в руке и быстрым движением сунула его в карман.

Но она так спешила, что промахнулась: в карман оно не попало. Я видела, что оно скользнуло на пол и осталось на ковре...

Тогда произошло нечто смутное, в чём я впоследствии никогда не могла отдать себе ясного отчёта.

В комнату вошли новые лица. Старушка, бодрая ещё, высокая и красивая женщина, с умным, открытым лицом и старец, согбенный годами и болезнью, опиравшийся на её руку.

Я всматривалась в них с усиленным сосредоточенным вниманием и вместе со смутным чувством не то страха, не то печали. Это странное чувство заставляло сердце моё неровно биться, сжиматься и тоскливо замирать... Мне казалось, я была уверена, что я знаю людей этих, что они мне милы, близки... Но в то же время я не могла бы их назвать, и мне чувствовалось, что неизмеримая бездна отделяет их от меня – в силу этого я не шевелилась. Я не пыталась ни окликнуть их, ни указать на комок бумаги, лежавший у их ног; хотя прекрасно сознавала, что это и есть тот важный документ, в котором заключался вопрос жизни и смерти для детей и внуков моего исчезнувшего когда-то дяди.

Моё смутное состояние сказывалось всё сильнее.

Я напрягала всю силу своей воли, чтобы смотреть на них, всё видеть и слышать, что они говорят между собою... Неопределённое сознание говорило мне, что я напрасно любопытствую, – что оживлённый разговор странных лиц, действовавших предо мною, не касается интересующего меня предмета, что мне излишне его слышать; но я всё-таки напрягала слух и зрение...

Напрасно!.. С каждой секундой они или я отдалялись, на меня словно нисходили туманные покровы. Сладкая истома, тихое пение и звон окружали меня. Мне казалось, что я отделяюсь от земли, что я становлюсь легче воздуха, что неодолимая сила уносит меня за собою куда-то в даль, в высь, в пространство, – всё дальше и дальше от старого дома, от этих необыкновенных людей, столь мне близких и вместе от меня далёких.

Последними лицами, виденными мною в угловой комнате нашего дома – были двое детей и молодой человек.

Девочка лет пяти, с красивым, капризным личиком, похожим на лицо молодой женщины, желавшей сжечь письмо, – вбежала и бросилась к ней с просьбой или жалобой, которых я не слыхала; крошечный мальчик, заливавшийся смехом сидя на плече высокого господина, который внёс его, широко распахнув дверь...

Но при взгляде на этого красивого, стройного молодого человека, я громко закричала. Хотя между нами уж расстилался туманный покров, я мигом узнала в нём своего отца...

Вскрикнув, я свалилась с ужасной высоты.

– Что ты?.. Господь с тобой, Елена! – услышала я встревоженный голос мужа. – Вот уж пять минут я стою над тобой и напрасно стараюсь разбудить!.. Ты во сне стонешь, кричишь и не можешь проснуться...

Я приподнялась и вопросительно смотрела на мужа.

Так вот в чём дело... Я спала!.. Всё это мне приснилось... Но с какой поразительной ясностью!

Мне и теперь решительно казалось, что я видела не сон, а живых людей. Я ещё чувствовала их близость, полную реальность их существования, как бы их невидимое присутствие возле себя.

Я не могла опомниться от яркости впечатления и только что собралась с мыслями, хотела было прервать восклицания всё ещё дивившегося надо мною мужа, рассказать ему своё видение, как сам Юрий Александрович заговорил последовательнее, с усмешкой очень неопределённою.

– Скажи пожалуйста, уж не сны ли какие-нибудь вещие тебя тревожили на этом допотопном ложе? – спросил он, вынув изо рта сигару и глядя не на меня, а в сторону. – Так мы с тобою и проспали всенощную-то?.. Досадно!

– Я верно очень долго спала?

– Да, всенощная уж всюду отошла... Ну, делать нечего!.. А я знаешь ли... Престранная вещь! Я видел во сне твой диван...

Я даже встала от изумления.

– Ты тоже его видел?!.

– Как – тоже?.. Разве он и тебе привиделся?

– Отчасти... Но всё равно. Скажи пожалуйста, что же? Как же ты видел мой диван?

– Престранно! Я видел его точно таким же, но новее и не здесь, не у тебя. Он привиделся мне будто бы там, в вашем старом доме, на площади...

Я к месту приросла и едва ли не открыла рта от изумления.

"Там же! В том же доме... Вероятно в той же комнате!" – проносились мысли в моей голове.

Но прерывать мужа я не хотела.

– Да, – продолжал он. – Это престранный сон!.. Представь себе, привиделось будто мы с тобой не то идём, не то летим, через какой-то большой, прекрасный сад и вдруг видим дом...

– Наш старый дом?.. Ярко освещённый! – не выдержав прервала я. – И мы остановились под окнами...

– Ну да!.. почём ты знаешь? – изумился Юрий Александрович.

– Уж знаю!.. Постой, мой милый, не говори: я скажу дальше. Мы с тобою стали под отворенным окном угловой комнаты и увидали там, сначала, одну даму, одетую в старинный костюм, какие носили в начале века. Потом вошли другие лица: старушка и старик, двое детей и...

– Нет, нет! Только старик и девочка... Но, послушай, Елена, как можешь ты знать?.. Это слишком странно!.. Неужели и ты видела тоже?..

– Бога ради! Я скажу тебе всё, но продолжай теперь. Всё, всё рассказывай!.. Это в самом деле слишком важно!.. Говори дальше.

– Ну, вот видишь ли, мне сначала, правда, показалось, что из этой комнаты вышли какие-то люди, но я их не различил; а когда сон мой выяснился, там, у большого письменного стола, сидел в вольтеровском кресле один старик, а против него, вот на этой самой кушетке-самосоне, примостилась маленькая девочка, лет пяти-шести...

– Черноволосая? С хорошеньким, но капризным лицом? – прервала я.

– Пожалуй, да! Как это однако странно!.. Неужели и тебе такая же пригрезилась?

– Продолжай! Продолжай!.. Я расскажу свой сон после! – вскричала я, в высшей степени заинтересованная и изумлённая.

А сама думала: "Я видела начало семейной сцены, он – продолжение... Это ясно".

– Да моему сну сейчас конец, – равнодушно отозвался Юрий Александрович.

Он напрасно думал обмануть меня притворным равнодушием. По его неровной походке, по нервному подёргиванию плеч, я видела, что он далеко не спокоен. Да ему и не давалось лицемерие: он то и дело сбивался с хладнокровного, иронического тона и, увлекаясь, рассказывал с жаром, гораздо более естественным в данном случае.

— Мой сон недолг, но очень странен, — продолжал он, пожав плечами. — Представь себе, что я смотрел на этого старика, на эту девочку будто на своих, на близких мне людей. Смотрел внимательно, с каким-то странным чувством захватывающего интереса, будто ожидал и знал, что вот сейчас произойдёт что-то важное, особенное... И вот ещё: никто мне этого не сказал, но я вдруг сам узнал, что этот старик — твой прадед, князь Пётр Павлович Рамзаев...

— Так было и со мною! — вскричала я.

— Погоди! Погоди! — остановил меня Юрий. — Вот что всего удивительнее: я читал, я знал его мысли...

— Как и я... Что ж он думал?

— Ах!.. Он думал... Что он думал? — вдруг рассердился Юрий и заходил, заметался нетерпеливо по комнате. — Я убеждён, что это не что иное, как результат давишнего свидания — с тем полоумным капитаном-моряком!.. Просто впечатление его россказней, басни о княгине и княжне Рамзаевых!.. Об американском князе Петре Павловиче... Какая глупость!

Он так рассердился, что даже прервал свою речь, гневно стукнув рукой по столику так, что все безделушки на нём зазвенели.

— Ах, разумеется!.. — поспешила я согласиться. — Кто ж будет верить снам?.. Тем не менее всё это интересно своей оригинальностью, так почему ж не рассказать?.. Кончай, прошу тебя. Что ж было дальше?.. Ты видел мысли старика... О чём же думал он?

— Ну да, я видел, что старик именно думает о них... То есть не о них собственно, а о своём пропавшем сыне, — спокойней заговорил Юрий, пройдясь несколько раз и с улыбкой недоумения вновь остановившись предо мною. — Он думал, что если князь Павел не погиб, то он должен быть очень несчастен; что может статься у него теперь семья; сын, родной его внук, князь Рамзаев, который нуждается, голодает... И старик сокрушался, а я глядел на него и сам мучился, сожалея его... Ей-Богу!.. Ведь приснится же история!.. Просто смешно!.. Я так понимал его чувства, так разделял его горе, будто сам их испытывал, с ним заодно... Удивительная вещь эти сны!.. Откуда берётся их реальность?.. Ведь вот, слава Богу, проснулся, рассказываю тебе, сознаю же вполне, что это вздорный сон, — а между тем старческое лицо это передо мною, и мне и теперь его жаль... Ведь вот глупость-то!

— Глупость, понятно! — умиротворяющим голосом отозвалась я. — Ну и что ж дальше случилось?

Юрий Александрович отвечал не сразу. Он сначала походил, подумал; потом остановился среди комнаты, развёл руками, и полусердито, полусмешливо произнёс:

– Тс-с!.. Потеха!

– Юрочка!.. Да расскажи же! – взмолилась я. – Что ж ты один потешаешься!.. Говори же, что дальше-то было?

– Дальше-то самое удивительное и самое нелепое! – вскричал он. – Вообрази себе, что я вдруг будто бы увидел у ног старика, под столом, какую-то скомканную бумажку и вдруг понял, что в ней – всё!.. Понимаешь?.. Всё самое важное и нужное для вразумления и успокоения этого старика, князя Рамзаева. Я не мог отвести глаз от этого смятого комка бумаги... Я ясно видел, что в нём ответ на все его недоумения; что стоит ему наклониться, поднять, прочесть – конец недоразумениям, горю и страданиям его. И ты представить себе не можешь, душа моя, как я хотел ему сказать об этом!.. Я усиливался закричать, указать ему, внушить ему моё знание, – но ничего не мог... И представь себе, Hélène....

Юрий до того увлёкся, что забыв обычную сдержанность, склонился ко мне, к дивану, на котором я сидела, и крепко ухватив меня за плечо, потрясал одной рукою, размахивая другой, и продолжал:

– Вообрази себе только, как я обрадовался, когда эта маленькая девчонка, эта правнучка его вероятно, вдруг кубарем свалилась вот с этого самого дивана, нагнулась и подняла эту скомканную бумажку, это письмо его внука, князя Петра Рамзаева...

– И отдала ему? – вскричала я.

– Какое! Не отдала совсем, негодная девчонка! А ещё больше скомкала, подбросила как мячик, поиграла и вдруг, упав во весь рост на диван, вытянула руку и сунула его вот так – сюда!

И говоря это муж мой, для нагляднейшего объяснения, с маху засунул руку между глубокой спинкой и сиденьем моей старой кушетки...

Чрезвычайно заинтересованная его рассказом, поражённая совпадением нашего двойного сна, я сгорала желанием рассказать ему начало своего видения и собралась вскочить и закричать: "А послушай теперь, что мне привиделось"...

Но слова замерли у меня в горле.

Юрий медлил подняться, тяжело налегая на плечо моё, а лицо его приняло такое странное и страшное выражение, что я перепугалась.

– Что с тобою, мой милый?.. Тебе дурно?! – закричала я, с ужасом вглядываясь в него.

Он молчал, да вряд ли и слышал мой вопрос, потрясённый неожиданным впечатлением. Но я немного успокоилась, чувствуя что он приподымается...

Он приподнялся и стал на ноги, но был очень бледен и смотрел не на меня. Растерянный взгляд его был устремлён на его руку.

Следуя за направлением его глаз, взглянула и я, и взглянув, громко вскрикнула, поражённая: в руке Юрия была измятая бумага, – комок слежавшегося, пожелтелого как пергамент, старого письма!..

Рассказывать ли далее?

Это было одно из писем покойного князя Петра Павловича, моего двоюродного дяди, к своему престарелому деду.

Одно из многих писем, стараниями первой жены отца моего не дошедшее до своего назначения... Бедная женщина, зорко оберегая интересы детей своих, их самих сберечь не умела!

Я убеждена, что так удивительно привидевшаяся мне с мужем девочка и была та самая старшая сестра моя, что умерла в ранней молодости, сорок лет тому назад.

Чудесно найденное нами в прадедовском диване письмо – вполне восстановляло истину: в нём юноша Пётр Рамзаев извещал деда, что женится на дочери пастора Стивенса. Княгиня Рамзаева была та самая Екатерина Стивенс, а моя новая кузина Елена – меньшая и ныне единственная её дочь...

Нечего и говорить о радости их заступника, капитана Торбенко, которому мы поспешили в тот же вечер сообщить наш двойной сон, удивительную находку и полную готовность возвратить наследство прадеда по принадлежности.

На следующий, светлый, праздничный день Рождества Христова мы телеграфировали госпоже Рамсей. Через три месяца княгиня Рамзаева с дочерью Еленой уже были в России, нашими дорогими гостьями; а через год мы искренно сошлись и полюбили друг друга, как и подобает добрым родственникам.

Прадедовский диван у нас в большом уважении и почёте. Так как у меня нет детей, то я завещаю его кузине Елене и надеюсь, что не только она, но дети её и внуки будут беречь и любить старика, который так верно и честно сохранил им права их и достояние.

В ХРИСТОВУ НОЧЬ

"Бог не есть Бог мёртвых, – но живых!"[4]

Светло-Христово Воскресенье в том году, как и в нынешнем, было раннее. В северных наших губерниях ещё лежали глубокие снега; да и в средней полосе России, хотя и обнажились поля, и днём солнышко, пригревая, кое-где уже вызывало из сочной земли богатства, прикопленные ею за зиму, под пушистыми, белоснежными покровами, однако, пасхальная ночь была студёная. Последний осколочек луны светил в морозном, туманном кругу со светлого неба, по которому мерцали не частые, но блестящие звёзды. На пригорке, отовсюду видная, окружённая рощами, деревушками, полями, по которым стлались волокна серебристых испарений, ярко горела приходская, деревянная церковь.

Туда, часа уже три, народ валил со всех окрестностей; теперь не только паперть, но и весь погост светился в огоньках, зажжённых бабами-хозяйками, сторожившими свои куличи и крашенные яйца, в ожидании молебна и выхода батюшки со святой водой. Им, по близости от церкви, за оградой, теперь уж не так было холодно; а давеча, как шли они, таща и пасхи на освящение, и своих детишек, кого за руки, а кого и на руках в сладком сне, – многие перемёрзли. Кое-где ещё, в овражках да в тени лесных опушек, белели застрявшие полосы снега; под сапогами, случалось, и ледок подскрипывал, а тут ещё и ветер, да такой-то, порою лютый, что до самых костей прохватывал и щёки, и носы молодицам да малым ребятам докрасна нащипал...

Ну, теперь, уж недолгонько ждать-то. Давно уж перехристосовались все в ярко пылавшей церкви. Обедня кончается... Сейчас дьячок со старостой, с учителем школьным, да с отставным унтером "Спаси Господи люди Твоя" затянут, и выйдет причт со святой водой над пасхальной снедью "Христос Воскресе" петь. В рядах хозяек движение; чаще засветились огоньки; каждая грошовая свечечка жёлтого воску теплится и славит Бога своим огоньком, сливаясь в великом море сиянья, разлитого над Русью в эту Великую ночь.

Две женщины, обе молодые, приютились за углом церкви в амбразуре окна, в виду погоста и кладбища с его лесом покосившихся чёрных и белых крестов, с несколькими памятниками и оградами вкруг "барских могилок".

---

[4] «Евангелие». Прим. ред.

Женщины ведут беседу, пользуясь тем, что с их мест, всё равно, службы не видать. Маленькая девочка, положив головёнку к матери на колени, прикрывшись полушубком, долго глядела на красные яйца, разложенные вокруг миски с творожной пасхой, представляя себе, которым яичком она разговеется, а которым с братишкой "биться станет" и других, "мно-о-го" яиц себе набьёт, – да и вздремнула. А Митюха, мальчуган постарше, новые лаптишки оттоптал, бегая от церкви к мамке и обратно; он усердно утреню и обедню отстоял и обещался прибежать, перед тем, что батюшке выйти. Матери этих детей другая, бездетная бабёнка рассказывает, как она в кормилицах, "в городу жила", у одной из их соседок-помещиц девчонку кормила, и как эта девочка, – "царствие небесное её ангельской душеньке! – вот ровнёшенько год, об эту самую светлую ночку, померла"...

– И такая-то печаль, такая-то ужасть на матушку ейную, на Катерину Алексеевну, напали, – рассказывала бабёнка, – что не могла она ни на похоронах, ни на поминаниях бывать! Как запоют, этто, "Христос Воскресе из мёртвых и сущим во гробех живот даровал" – она вскрикнет и хлоп на пол, где стоит... Такая-то беда, да страх с нею нам был!.. Уж не знаю, как её ныне Бог милует, а в прошлую Пасху она так и не смогла ни одной службы отстоять... И с чего, кажись бы, этим словам ужасаться?.. Самые такие утешительные слова. А она – всё ничего, а как доходит до этого – силушки её не хватает!.. "Не могу, – сказывала, – я этого слушать! Зачем для всего света Он "смертью смерть попрал" и Лазаря воскресил, и всему миру жизнь даровал, – а мне не захотел моей дочки сохранить? Отнял-де, у меня мово ребёночка! Не услышал ни слёз моих, ни молений!".

– Ишь! Грех какой! – рассуждала слушавшая. – Разве ж можно Господу Богу указывать?.. Его святая воля!

– Да уж ей это все – и матушка ейная, Анна Владимировна, и сестрица, барышня Лизавета Алексевна, и супруг ихний – хороший барин такой, добрый... Тоже крепко по дочери убивался, но до такого греха себя не допущал; даже нянюшка Настасья Артемьевна, все часто говаривали и на ум наставляли – но ничегошеньки поделать не смогли!.. Так я от них пред Вознесением пред самым уезжала, и ни единого разочку Катерина Алексеевна ни у одной службы не побывала.

– Ожесточение! – решила её слушательница. – Да что у ней ещё детки-то есть?

– Да в том-то и причина, что нету их!.. Были двое ещё сынков, старшеньких, – оба померли. Один уже годков пяти, никак, был... Что ли не помнишь, за прошлым летом бегал тут с отца Мефодия ребятёнками?..

– Да, да, да!.. Поди, ведь! Кому что от Бога: у бар не живут детки; а как при нашей бедноте, вон у Пахомкиной Анисьи, – что ни год в избе новый горлодёр орёт. И все живы! Все есть просят!.. Научить разве её подкинуть, как приедут они в свою усадьбу?.. Приедут об это лето, что ль?

– Приедут! Должно приедут... Завсегда, ведь, бывало к Пасхе приезжали... Никак отец Мефодий вышел?

Бабёнка встала заглянуть, что делается в церкви, и в ту же минуту Митька подошёл со словами:

– Идёт батюшка куличи святить, идёт!

– Марфушка! Вставай! Поп идёт!.. – толкнула мать спавшую девочку, и всё встрепенулось, всё ожило.

Священник с крестом, кадильницей и кропилом обходил, славя Воскресение Христово и кропя во все стороны.

Заря занималась. Огненная полоска с востока окрашивала выяснявшиеся облака: четвертушка луны тускнела и становилась прозрачней, а на земле всё отчётливей выступали цвета и предметы, принимая свою натуральную окраску, выделяясь яснее из белесоватых туманов холодной ночи. В промежутках пения и возгласов: "Христос Воскресе!.. Воистину Воскресе!" – слышалось другое, неумолчное, звонкое пение: по всей окрестности заливались горластые петухи, по-своему прославляя наступавшее светлое утро.

Народ расходился. Все поля вкруг погоста светились огненными точками; каждому хотелось донести Христов огонёк из церкви до дому.

– Мамка! А мамка!.. А я свою свечку лучше Машутке на могилку снесу! – предложил Митюха. – Я живо тебя догоню.

– И меня возьми, Митька! И я к Машутке хочу! – взмолилась девочка.

– Ну-ну! Только не валандайтесь! Поскорее... На, вот, Марфуша, снеси ей яичко красное: зарой под крестиком, – сказала мать, сбирая пожитки.

Недалеко отошли они от ограды, как уж дети догнали их, побывав на могилке сестры, прошлой осенью умершей, пятилетней Машутки.

– Я ей яичко под самый крестик закопала!

– А я свечечку в ногах, на камушке, прикрепил, – рассказывали дети.

– Мамка! Достанет она?.. А?.. Поиграет яичком-то? – допытывалась Марфуша.

– Как Бог, Отец Небесный ей дозволит! – отвечала мать. – Она тихое дитё была! Божие!.. По пятому-то годочку, как молитвы знала! Отче, Богородицу, Троицу – всю без запиночки говорила... Ежели угодны Творцу Милосердному чистые детские душеньки, наша Машутка беспременно в ангельчиках у Него состоит! – вздохнула она и, обернувшись, высвободила руку и ещё раз покрестилась на церковь и на могилку дочери.

– Оттого, может, у неё, у Машутки нашей, вся могилка травкой зелёной-презелёной покрыта! – предположил Митя.

– Да! Всех зеленей! – вскричала девочка.

– А у креста, по правую руку, подснеговичек уж расцветает! – прибавил её братишка. – Что белая звёздочка распустился, такой красивый цветик!.. Мы его не тронули.

– Ну, как можно трогать, покойничков обижать!.. С могил никому нельзя цветов обрывать, – сказала мать и прибавила. – Беги вперёд, Митюша! Скажи бабке, чтобы на стол сбирала: как приду, так разговляться станем.

Вёрст за сотню от этой деревенской церкви, эту самую пасхальную ночь одна коротала Катерина Алексеевна Арданина, поджидая своих от обедни. Катерина Алексеевна была та самая молодая женщина, о которой рассказывала своей соседке бывшая кормилица её умершей дочери. Она с матерью и сестрой выехали в деревню, по обыкновению своему, перед Пасхой; они всегда, не дожидаясь распутицы, с последним санным путём оставляли Петербург, чтобы дышать деревенской, здоровой весной, вместо сырых и гнилых испарений; муж же её, связанный службой, приезжал позже. Но на этот раз они плохо рассчитали время: ранняя оттепель так испортила грунтовые дороги, по которым приходилось ехать вёрст семьдесят, так быстро распустила реки, что пришлось против воли пережидать в большом уездном городе дольше, чем предполагалось по обычному маршруту. Несколько дней в этом с детства знакомом им городе Арданина с семейством, всегда проездом, живали у родной своей тётки, генеральши Мауриной, – особы, пользовавшейся широкой известностью во всей губернии и далее её как по своей благотворительности, так и по гостеприимству.

Дом Мауриных десятки лет стоял полною чашей на главной улице родного города, ещё издали привлекая внимание и величиной своей, и прекрасным садом, его окружавшим. В прежние годы привлекал он также и оживлением своим, вечной весёлостью своих многочисленных обитателей; но в последнее время старушка хозяйка его угомонилась, и он редко блистал светом окон в обоих этажах своего нарядного фасада.

В эту холодную весеннюю ночь, однако, дом ярко был освещён с парадного подъезда: по случаю приезда гостей, сестры и двух племянниц, Александра Владимировна Маурина приготовила парадные разговения. От обедни к ней ждали многих приглашённых; в верхнем этаже, в парадных покоях, накрыт был богатый стол, отягчённый бабами и всякими яствами; но нижний этаж, отданный в распоряжение Анны Владимировны и дочерей её, пока был тёмен и тих...

Тихо-то в доме всюду было; даже прислуга и та вся почти ушла по церквам встречать Светлый праздник, кто молитвой, а кто и болтовнёй да пересудами над охраняемыми куличами. Во всём доме оставались один лакей в передней, старая экономка, да горничная приезжих, специально оставленная ради услуг Екатерине Алексеевне, упорно не желавшей идти к утрене. Арданина, едва оставшись одна, поспешила разрешить этой женщине идти, куда угодно, – наверх ли болтать с экономкой, или совсем из дому. Ей это было совершенно безразлично, лишь бы её никто не тревожил в эту тяжкую для неё ночь. Прощаясь с матерью, она постаралась её успокоить своим наружным спокойствием; она прикинулась хладнокровной, усталой, уверила всех, что тотчас же ляжет спать, а к их возвращению из церкви встанет, выспавшись, бодрая и готовая разговляться с аппетитом...

Она и в самом деле готова была так сделать, да как-то не пришлось! Что за толк ложиться в постель чувствуя, что не заснёшь? Сна не было и в помине у молодой женщины, мучимой воспоминаниями, бурными чувствами, тревожными вопросами... Екатерина Алексеевна ходила по комнатам нижнего этажа долго, до устали. Сначала она прислушивалась к шуму на улицах, к радостной праздничной суете, долетавшей извне, к быстрым шагам спешивших в храмы, к стуку экипажей, изредка гремевших всё в одном направлении, к собору, куда поехали и её домашние. Собор стоял довольно далеко, над рекою; Арданиной он был хорошо знаком, она могла представить себе ясно всех, кто там был теперь, всё, что в нём происходило. Она и представляла, не намеренно, а невольно представляла, обращаясь мыслью к матери, к близким своим, весь свет, всё ликование, которое готовилось и там, и в десятках других церквей вокруг неё, – в богатых и бедных храмах по всей земле русской, в сотнях тысяч христианских собраний по всему лицу мира, в эту торжественную, светлую ночь.

Да! Она была светла и радостна для многих, – но не для неё! Не для таких, как она, – Богом отверженных! Отверженных?.. За что?.. Она ль не была верующей?.. Она ль, как сказано в Писании, с детской верой в милость Божию, не обращалась к Нему, как к любящему, милостивому, всемогущему Отцу, твёрдо убеждённая, что Он заранее знает, что ей нужно, о чём она молит, и не подаст ей камня вместо хлеба, скорпия – вместо яйца!.. О чём она молила Бога? Не о чуде из ряда вон! Она молила Бога лишь сотворить для неё то, что Он, – без мольбы, – заурядь творит для многих, для всех: сохранить её дитя, её дорогую, страдавшую, болевшую крошку, – единственное утешение её, единственную надежду!.. Вот, ровно год. Точно так же всё вокруг неё ликовало. Большой город весь в свете и радостном настроении готовился встретить великий праздник Воскресения. Вот так же стояла она у окна и прислушивалась к первому, торжественному удару колокола в Исаакиевском соборе, как сейчас слышала первый соборный звон, возвестивший и здесь начало воскресного служения окрестным церквам. Только там он был несравненно громче, величественней и торжественней! Как гром Божьего слова, как истинный благовест во спасение и в жизнь, и в ликование исполнившегося обетования: "Просите и дастся вам!" – отдался он в её сердце, переполненном верой, надеждой, любовью!.. Над столицей вспыхнул отблеск мгновенно осветившихся храмов; разнёсся радостный гул трезвона, спеха, весёлой суеты. А в их доме была тишина, царила скорбь болезни и печали; но она не верила их продолжительности! Она себя настроила на уверенность в милости Божией: в её сердце также горел свет веры, радость упования "на несомненную, верную" помощь воскресшего Христа... Она упала на колени пред киотом, горевшим в ярком свете лампады; она повергалась ниц перед изображением "воскресшего и всё воскресившего" и молилась Ему: "Боже! Милостив буди мне, грешной! Боже! Ты взял у меня сыновей моих! Ты дал мне великую скорбь жизненной с ними разлуки! Боже, верую, что есть жизнь вечная, воскресение из мёртвых в будущей жизни... Но Ты, Богочеловек, знающий скорби людские! Ты, воскресивший Лазаря, воскресивший дочь Иаира, воскресивший единого сына молившей Тебя матери, Господи, яви и мне Твоё милосердие! Воскреси и мою болящую дочь!.. В этот великий час Твоего возвращения к жизни, – возврати и ей, и мне вместе с нею – жизнь, здоровье, счастье!.. О, Боже, Христос всемилостивый и всемогущий! Знаю, что Ты слышишь меня! Знаю, что видишь и скорбь мою, и на Тебя Единого уповаю! Знаю, что поможешь дочери моей, спасёшь её, оживишь!.."

И с этими последними словами, слыша, что кто-то идёт, она встала, отёрла слёзы, готовясь идти к болевшей малютке, готовясь увидеть её спокойно спящей, готовясь сейчас благодарить Бога за её выздоровление и... на пороге увидела свою мать...

Старушка, вся в слезах, протягивала ей руки, она услышала печальный голос её:

– Не ходи туда, милая! Лучше здесь, вместе, помолимся о нашем ангеле, отлетевшем от нас в жизнь вечную.

Она сначала не поняла, не хотела, не могла понять матери! В жизнь вечную?.. Какое дело им до той, вечной жизни, когда её девочка должна ожить к жизни земной!

– Она не может ожить! Она умерла! – повторяли ей...

И точно: дочь её умерла, в те самые минуты, как она так свято веровала, что она выздоровеет... Что ж это значит?.. Зачем же этот обман?.. "По вере вашей дастся вам".... "Толцыте – и отверзется"... Обрывки мыслей бушевали в её мозгу, негодующие бурные сомнения терзали её с такой неулегающейся силой, что она думала, что не выдержит, заболеет. Она желала болезни, забытья! Но они не дались ей... Она не заболела телом к облегчению своих нравственных страданий, нет! Вот год, что она болела ими и не находила ответов на жгучие сомнения, на скорбные вопросы: надо ли верить? Надо ли надеяться? Надо ли ждать разрешения печалей, воздаяния за терпение, за упование, наперекор рассудку?.. Она считала теперь упование и надежду – добродетелями, противоречащими здравому смыслу... Она не могла с тех пор молиться, – не могла без внутреннего содрогания видеть икон, освещённых лампадой, слышать служения в храмах церковного пения... Они возмущали её, казались лицемерием, ложью. Прежнюю свою спокойную, светлую веру она считала обманом чувств, увлечениями восторженного легковерия... Верить! Слепо верить, когда всё вокруг человека так беспощадно, так очевидно опровергает все иллюзии людские, так убивает всякую возможность надежды и веры!.. Ребёнок малый и тот видит всю нелепость человеческих самообольщений.

Катерина Алексеевна устала ходить по сумрачным, еле освещённым комнатам. Она подошла к стеклянной двери на балконе, посмотрела на палисадник, отделявший дом от улицы, и опустилась в мягкое кресло...

За стеной пробило два часа.

"Уж поздно ложиться! Дождусь их!" – подумала она.

Задумчиво стала она всматриваться в светлую ночь за окнами. Рамы уже были вынуты; балконная дверь отворялась свободно. За нею безлистные деревья ясно вырезались на чистом небе, освещённом луной в последней четверти и мигавшими там и сям звёздами. Палисадник выходил не на главную улицу, – та шла с боку, вдоль подъезда и большого сада, а здесь проходил пустынный переулок, на котором и днём мало было движения. Арданина приложила руку к голове, – она у неё с утра болела...

"Пройтись разве?.. Может, полегчает на свежем воздухе?" – подумала она и встала, чтобы надеть тёплую шаль.

За дверью балкона, совсем близко, ей блеснул огонёк.

"Неужели уж возвращаются из церкви? – мелькнул ей вопрос. – Кажется ещё рано?.. А, впрочем, тем и лучше, скорее спать ляжем!"

Она оделась, толкнула дверь и вышла на крыльцо. Её охватил холодный воздух, запах прелых листьев и свежей земли, только что очищенной от снега, только что посыпанной песком и толчёным кирпичом по дорожке, огибавшей весь дом из палисадника в сад, во двор и к подъезду. Арданина сошла на неё и стала быстро ходить вдоль этой стороны дома, между пустыми клумбами и подстриженной сиренью, маскировавшей забор. Она хотела ходьбой заставить себя успокоиться, не думать, забыться; но мысли не слушались, всё возвращались к тому же, и горькие чувства не хотели ей дать покоя. Болезненно сжималось, под влиянием их, сердце, а голову ей, будто, сжимал огненный обруч.

Звон, весёлый звон стоял над городом и раздражал ей нервы.

"Чего трезвонят? Чего радуются?.. – думалось ей и презрительно сжимались губы её в скептическую улыбку. – Сами себя тешат, как малые дети, будущей радостью... Нет-де, ныне, счастья, – будет потом!.. Придёт и для нас сиротливых, беспомощных, счастье!.. Воздастся-де всем по заслугам: будем же страдать и терпеть молчаливо, радостно славя Бога, в чаянии благ воскресения и жизни будущего века... "Блажен, кто верует, – тепло тому на свете!.."" – вздохнула она. Вот поют они теперь и повторяют, в радостном самозабвении: "Христос воскресе из мёртвых, смертию смерть поправ и сущим во гробех живот даровав!" – ярко представилось ей церковное служение.

Катерина Алексеевна в порыве чувств остановилась даже и громко прошептала сама себе торжественную песнь, которой всё христианское человечество славит животворящее Воскресение Господне...

Ей снова мелькнул огонёк за палисадником ограды.

"Что там за огонь? Кто это стоит за решёткой с зажжённой свечей?.. Сколько времени мелькает. Надо взглянуть", – решила она.

И подошла к решётчатой калитке.

Оттуда, из пустынного переулка, к ней протянулась маленькая, худенькая, детская ручка, со свечечкой из жёлтого воска.

– Христос Воскрес! – тихо вымолвил ребячий голосок.

Арданина отступила от этой неожиданности.

– Кто это? – спросила она и посмотрела за калитку.

За ней стояла маленькая девочка, прислонившись к столбу, просунув руку между зелёными палками решётки.

– Господи! Как ты сюда попала, девочка?.. Крошечная такая! И так легко одета!.. Не прикрыта почти что!.. Тебе не холодно?

– Не холодно! – отвечал ребёнок и опять подавал ей свечу. – Христос Воскрес, барыня!..

– Воистину Воскрес, детка! – машинально отвечала она и взяла из крошечной, холодной ручонки догоравшую свечу. – А это что!..

Вместе с жёлтой свечечкой в руке Катерины Алексеевны оказалась зелёная, нежная веточка, с белой звёздочкой цветка.

– Откуда у тебя такой цветочек, милая?.. Спасибо!.. Погоди и я тебе яичко дам. Подожди меня, миленькая.

Быстро вошла в дом Катерина Алексеевна, машинально задула свечу, веточку опустила в стакан воды, стоявший на её ночном столике, и взяв в ящике его, из приготовленных там хорошеньких яиц для христосования со знакомыми детьми розовое мраморное яичко, поспешно возвратилась с ним к садовой калитке.

— Вот тебе, девочка, розовое яичко. Завтра будешь им играть! А теперь иди скорей домой, милая! Боже мой, как тебе должно быть холодно!.. Ты в одной рубашоночке и босая!.. Как это тебя мать так пустила?

Девочка взяла яичко, не глядя, сжала его в руке и вздохнула.

— Тебе холодно? Хочешь я тебе дам платочек? — спросила Арданина, удивляясь, что в такую холодную погоду, такого маленького ребёнка, почти неприкрытого одеждой, ночью одного пустили на улицу.

— Мне не холодно! — неподвижно глядя на барыню, ответило дитя.

— Но с кем ты пришла? Как ты здесь?..

— Одна.

— Из церкви верно?

— С погосту...

— А где ж ты живёшь? Близко?

— Я не живу! — так же тихо и бесстрастно выговорила девочка.

— Близко живёшь? — переспросила, не расслышав, Екатерина Алексеевна.

— Я не живу! — повторила девочка явственней.

Арданина посмотрела на неё внимательно, жалостливо подумав: "Неужели бедняжка идиотка?"

— Иди скорее домой! — сказала она. — Где твой дом?

— У меня нет дома...

— Как?.. Так где же ты живёшь?

— Я не живу! Я лежу, — явственно сказало дитя.

— Лежишь?.. Как лежишь? Отчего?

— Я лежу на погосте... На кладбище!

— Господи помилуй!.. — Арданина отступила, чувствуя, что холодеет. — Ты живёшь на кладбище? Твой отец верно сторож?

— Нет, я не живу! Я лежу там! — упорно повторяла девочка.

— Зачем же ты... лежишь?.. Разве ты больная?

— Нет... Я не больная. Прежде была больная, когда здесь жила... Теперь я умерла и... лежу!

"Сумасшедшая!" — в ужасе решила Арданина. Но всё же, руководимая различными чувствами и любопытства, и страха, и жалости, продолжала говорить:

— И долго ты здесь хочешь стоять?.. Войди в комнату! Ты замёрзнешь.

Девочка покачала белокурой, гладко расчёсанной головкой.

— Я скоро уйду, — сказала она.

– И куда же ты пойдёшь?

– На кладбище!

– Что ж ты там будешь делать?

– Лежать! – было ясным и бесстрастным ответом.

Невозможно было сбить ребёнка с этих ответов. Арданина в сильном волнении, почти в испуге, начала ей доказывать.

– Зачем же ты будешь лежать на кладбище? На кладбище лежат мёртвые, а ты живая...

– Я не живая... Я мёртвая! – заявила тотчас девочка.

– Да какая же ты мёртвая, девочка, Бог с тобой!.. Мёртвые не ходят, не говорят, не едят! – убеждала Арданина.

– Я не ем! – покачала головой её странная собеседница.

– Да! Но можешь есть!.. Вот же ходишь и говоришь. Как же ты можешь разговаривать, если ты мёртвая?

– Я не могу! – прошептал ребёнок. – Я здесь не могу, если мне не велят...

– Велят?.. Кто же тебе велит? Здесь не можешь?.. А где же можешь? – бессознательно повторяла Арданина.

– Не здесь... Там могу! – неопределённо отвечала девочка.

Но Екатерина Алексеевна, убеждённая, что имеет дело с маленькой юродивой, уже не слушала её, думая свои горькие думы.

"Вот, – думалось ей, – также "справедливость", – "высший разум"! У несчастных бедняков живут помешанные дети, идиоты от рождения, а моя девочка – молёная, желанная – умерла!"

Тяжкая горечь подымалась со дна её наболевшей души.

Девочка всё стояла неподвижно за сквозной калиткой. Занимался рассвет; движение на улицах усиливалось: народ возвращался из церквей...

"Надо попросить кого-нибудь из тётушкиных людей проводить бедняжку до дому! – подумала Арданина. – Её, верно, кто-нибудь знает".

За углом послышались шаги. Оттуда вышел высокий, пожилой человек, в чистой холщовой рубахе, с окладистой седой бородой, красиво расчёсанной лопастью. Он шёл прямо, мерно и остановился лишь у самой калитки. Екатерине Алексеевне показалось, что она знала этого красивого старика... В том ничего не могло быть удивительного! Она так много старожилов знала в этом перепутном для них городе.

Он поклонился и сказал так же, как и девочка:

– Христос Воскресе, барыня!

– Воистину Воскресе! – и ему ответила она и сказала, указывая на девочку, – не знаете ли вы, чей это ребёнок?

Человек посмотрел и сказал:

– Знаю. Это из нашей деревни, старостихи Марфы дочь.

– Ах! Как я рада. Так не возьмётесь ли вы её довести до дому её, до матери?.. А то бедняжка попала сюда как-то одна, верно из церкви забрела... А ведь, она, кажется, юродивая! – тихо сообщила Арданина.

– Божие дитя! – выговорил старик.

– Да вы послушайте, что она про себя рассказывает.

И, обратившись к ребёнку, Арданина снова задала ей вопросы:

– Девочка! Откуда ты?

– С погосту, с кладбища, – повторил тотчас ребёнок.

– Что ты там делаешь?

– Лежу.

– Ты живая?

– Нет... Я мёртвая!

Но тут прохожий старик прервал ребёнка:

– Не дело, дитятко, сказываешь! Разве у Бога есть мёртвые?

– У Бога нет! На земле есть! – без запинки отвечала девочка.

– Ну, так и пойдём к Богу, Машутка! – предложил старик и взял её на руки.

Ребёнок радостно прильнул к его плечу. Прохожий поклонился низко и сказал:

– Прощайте, сударыня! Помяните в молитвах Мануила Геронтьева и младенца Марию.

И мерным шагом старик пошёл с ребёнком на руках и скрылся за поворотом переулка.

В ту же минуту стук экипажа раздался у подъезда, дом осветился, и горничная появилась на крыльце.

– Пожалуйте, Катерина Алексеевна, разгавливаться!.. Маменька, тётушка от обедни приехали!.. А уж я испужалась: искала вас, искала!.. А вы вот где!

Арданина машинально, вся под влиянием изумлении и ещё какого-то чувства, жуткого чувства, сути которого она не могла бы определить, пошла в дом. Она вошла к себе в спальню, чтобы оправиться, а сама всё думала, какой странный старик сейчас говорил с ней?!. "Девочка эта... Ну, девочка юродивая; но старик, – не страннее ли ещё он, чем этот ребёнок?.. И где она знала его?.."

– Сударыня! Пожалуйте, коли не почиваете! Маменька сами хотели вас проведать, да тётенька не пустили: послали меня! – раздался в дверях голос старой экономки, бывшей крепостной их деда и бабушки. – Христос Воскресе, сударыня!

Екатерина Алексеевна вздрогнула: и она?.. В третий раз в эту ночь она слышала это приветствие... И в третий раз, разумеется, она должна была ответить: "Воистину Воскресе!" и похристосоваться со старушкой, когда-то нянчившей её на руках...

Вдруг её осенило соображение и она спросила:

— Скажите, Марина Яковлевна, вы знаете старика Мануила Геронтьева?

— Нашего-то бывшего управляющего? Как же, сударыня. Да я думаю, что и вы его помните... В деревне, куда вы ехать изволите, двадцать лет правил. У дедушки вашего правой рукой состоял. Обстоятельный, честный человек был!.. Маменька ваша, бывало, ещё всё его бородачом называли, потому редкостная у него борода была!

— Ах, то-то же я его узнала!.. Я сейчас была в палисаднике, — голова у меня болела, так я пройтись вышла, — а он мимо в переулок шёл и мне поклонился.

— Это... кто такой? — переспросила ключница.

— Да Мануил Геронтьев...

Ключница отступила в испуге.

— Сударыня! Никак этого быть не может!

— Почему?.. Я его видела. Я говорила с ним!

— С нами крестная сила!.. — перекрестилась Марина Яковлевна, — да, ведь, Мануил Геронтьев вот уж скоро двадцать лет, как помер! Ведь, вам и десяти годков, почитай, не было, когда он, в скорости после дедушки вашего, скончался.

Катерина Алексеевна в обморок не упала. Она только страшно побледнела и опустилась в кресло, так как у неё подкосились ноги. Она, однако, заставила себя сказать:

— А!.. Ну, так я, разумеется, ошиблась!.. Скажите маме, что я сейчас... Сейчас приду. Дуня! Дай, пожалуйста, одеколон.

Она подняла глаза на столик, ища склянки с одеколоном, и снова вздрогнула, увидав белый цветок в стакане и рядом с ним свечку жёлтого воска.

Вот! Значит не бредила она! Не сон всё это!.. Господи праведный! Господи всемогущий! Кого же это она видела?.. Кто же они?..

Екатерина Алексеевна встала, будто приподнятая посторонней силой: между стаканом с белой звёздочкой подснежника и жёлтенькой изогнутой свечечкой она увидала... яичко розового мрамора!.. То самое яичко, которое она отдала девочке, которое девочка унесла с собою...

Так как же здесь оно?.. Кто и когда его сюда положил?!

* * *

Рука Екатерины Алексеевны Арданиной, не творившая крестного знамения ровно год, со дня смерти её дочери, сама собою поднялась и осенила её крестом.

"Помяните в молитвах Мануила Геронтьева и младенца Марию", – вспомнилось ей.

И ещё раз она, сознательно, перекрестилась.

С этой Христовой, пасхальной ночи она вновь обрела силу и способность молиться и надеяться, и никогда не забывала на молитве поминать завещанные на веки памяти её имена.

ДЖИН-ПАДИШАХ

Легенда северного Кавказа

Седой старик из племени Адиге стоял за нами, опёршись на ружье и, казалось, не слушал весёлых речей, заглядевшись на верхушки своих родимых гор, тонувших в пламени и багрянице заката. Яркий костёр, зажжённый нашими усталыми, но не утомлёнными охотниками, картинно поднимал вверх столб дыма, выбрасывал языки пламени, вспыхивая как пожар на опушке леса в верху горы; он покрывал янтарём стволы великанов-деревьев, перебегал изумрудами и яхонтами по их листве. А внизу, в долине, в глубоких ущельях, уже воцарилась мгла и ночной сумрак...

Один великий красавец, вечно юный в своих белых и алых покровах, снежный Эльбрус сиял и нежился в прощальных лучах солнца, блестящим конусом выделяясь на безоблачном небе.

Все знали, что старый черкес Мисербий помнит множество преданий своей прекрасной родины, и обратились к нему с просьбами рассказать, что вспоминает он, о чём думает, глядя в цветистую даль земли и в светлую высь небес?.. Он долго, молча, отнекивался, медленно качая головой, но это был его обычный приём; все ждали его рассказов и, точно, их дождались. Дождались – и, по обыкновению, заслушались!

– Вы хотите знать, о чём я думаю? – грустно улыбаясь, заговорил Мисербий. – А, может быть, вам не поправятся мои думы?.. Я человек гор! Как вольный ветер не умеет сдержать своего полёта, так и горец, взросший и побелевший на гребнях скал и зелёных склонах гор, по которым он рыщет, неудержимый, и поёт свои от века сложенные песни, – не может искажать их! Не может выкидывать слова из свободных, великих сказаний его!.. Что ж! Я скажу вам, что думал, какие речи отцов отца моего я вспоминал, глядя на сверкающий Эльбрус.

И старец, величественно выпрямившись как юноша, и гордо подняв голову, с ещё блиставшим из-под седых бровей взглядом, протянул руку по направлению к горе. Снеговой её конус, в эту минуту рдевший нежным румянцем, смело вырезался на лазури из-за гряды золотисто-алых облаков, опоясавших его словно лентой.

– Знаете ли вы, почему порою царь гор окутывается тучами и мраком? Почему он часто потрясает небо и землю грозой и вихрями своего гнева, своей бессильной ярости?.. Это потому, что на вершине его, на ледяном его престоле восседает властитель духов и бездны, мощный Джин-Падишах! – говорил Мисербий.

Вот что узнали мы от него в этот чудный вечер.

Грозный дух преисподней, – Джин-Падишах искони прикован великим Тха, Творцом всей природы, за неповиновение Его святым велениям к вершине Эльбруса. Это блестящий престол, с которого Джин-Падишах раздаёт приказания подвластным ему собратьям, но сам покинуть её бессилен. Когда он говорит, – голос его гремит как гром небесный, будит чуткое эхо, и всё отвечает ему кругом: льды и снега потрясаются и с адским шумом и треском низвергаются в пропасти; потоки ревут и плещут брызгами на скалы; горные орлы бьют крыльями и с диким криком рассекают подоблачную высь; а филины и совы отвечают глухими стонами со дна лесных ущелий, из глубины тёмных расселин. А порою, не приказания, а вопли и стоны раздаются на снежной вершине... Тогда всё умолкает и скорбит вместе с духом. В особенности прежде, века тому назад, скорбь его надрывала сердца всем слышавшим его горькие сетования. Не на пленение своё сетовал Джин, – нет! Он был страшно наказан Великим, давшим ему дар предвидения... За много столетий до появления в горах наших русских, осуждённый владыка высей и бездн знал, что на место заточения его двинутся северные великаны; что придут чужие, беловолосые люди и завладеют им!.. Он ждал покорителей из полуночных стран, где царствует вечная зима, как и в его подоблачных высотах; он знал, что оттуда, вместе с северными великанами, придёт и яркий свет, который осенит его мрачное царство, проникнет в ущелья и дебри лесные, изгонит из них мирно властвовавших там с начала мира подвластных ему духов тьмы... В мучительном ожидании будущего, Джин-Падишах срывался иногда с престола, гремел цепями, ударами мощных крыльев потрясал горы и долины, и сзывал из глубины земли и моря спящих в пучинах и пропастях духов. "Собирайтесь! – вопил он. – Собирайтесь мои тёмные рати на выручку нашего царства!.. Ратуйте против жестоких предначертаний осудителя нашего, Великого Тха всей вселенной".

Тогда умолкало пение птиц в цветущих долинах, – мотыльки скрывались под увядшими цветами, рыбки трепетали в потоках. Громче и громче раздавались богохульные вопли Джина, и вершины гор одевались туманом, гроза гремела, бушевало море, сотрясалась вся земля и скалы стонали и расседались, разверзая пропасти ада. А человек, с ужасом прислушиваясь к этому хаосу, дрожал и прятался в свои жилища в ожидании великих бедствий... Но вот око Величайшего обращалось в этот край вселенной и видел Он смятение созданий своих и проникался жалостью к несмысленным! Зрел Он и постигал, что Им сотворённые боятся раба Его, – создание ставят выше Создателя!.. И призывал мир и спокойствие на всех Ему покорных... И вот, сонмы светлых духов

102

окружали вершину седого Эльбруса; витали вокруг ледяного престола возмутителя и райскими песнями водворяли свет и покой вверху, мир на лице земли. Хоры блаженных стремились пробудить раскаяние в сердце Джин-Падишаха. Они пели ему о сладости покаяния, о блаженстве прощения... А он, безумный, не хотел внимать им, не хотел покориться и отвечал им не слезами и мольбой, а скрежетом и сотрясанием своих цепей! Он силился захватить клочья седых туманов и чёрных туч и окружить ими главу свою, чтобы не видеть и не слышать; – но ангелы, духи мира и света, не допускали до этого: они дыханием своим разгоняли тучи и навевали на землю тепло и весенний расцвет.

Облака таяли в лазоревом небе; снежные вершины сияли как алмазы на голубой тверди, а внизу, на земле всё оживало и обновлялось: зеленели холмы, цветы благоухали, светлые ручьи, сладко журча, орошали долины; просыпались в рощах птицы, и человек вторил их песням, выходя в поле на работы... Всюду водворялись мир, тишина и радость жизни...

Свершилось то, чего так боялся великий дух гор: пришли с севера властители и покорили лесные дебри и горы Кавказа. Под самым подножием Джинова трона, они поселили сынов своих; провели дороги, исполосовали их железными колеями и пустили в ход по земле и морю железных чудовищ, которые мчат к нам ежедневно новые полчища русских, оглашая долины, горы и морские прибережья резкими стонами, диким свистом, будто подражая хохоту и плачу лесных духов, будто вызывая их на бой, и дразня ярким светом своих разноцветных глаз... И горные духи уходят всё выше и выше, шаг за шагом уступая владения свои человеку, всё печальнее теснясь вокруг своего мрачного повелителя. А он, несчастный гордец, он, желавший когда-то тягаться силой и властью с Творцом своим; он, из преисподней ждавший помощи против своих врагов и не внявший зову блаженных, он всё сидит, угрюмо понурившись, на самой вершине ледяной горы и вспоминает те блаженные времена, когда он был близок ко Всемогущему, не замышлял ещё свергнуть волю Его и выше Его вознестись... Белая, обледенелая борода его отросла и свесилась в пропасть; всё тело покрылось седым инеем; ногти выросли и впились в ледяную скалу и в промёрзшее тело, а глаза горят как раскалённые жернова и, порою, мечут искры, зажигают молнии...

Завидев огонь их, христиане творят крестные знамения, а суеверные горцы ждут великих бед, произносят заклинания и спешат жертвовать дары грозному Джин-Падишаху. Джигит, успевший даром умилостивить духа, весь год будет иметь удачу, и вражеская пуля не коснётся его.

Есть по Тереку и Малке, есть в ущельях Зеленчука и по холмам, на берегах Кубани, много жулатов, – башен в виду Эльбруса, – куда ходят на поклонение Джин-Падишаху. Ведь, мало кто может добраться к нему ближе! Кто может – едет в путь к вечным снегам его. Но видеть грозного старца, белого прадеда, невозможно! На кого сверкнёт блеск его очей – тот умирает; а тому, кто осмелится тронуть пули, оружие или что-либо принесённое в дар Падишаху – горе великое! Всякий кабардинец, всякий черкес знает, что не должен касаться того, что иногда попадается ему в глубине какой-нибудь дикой расселины скалы, в окрестностях Эльбруса, будь то хоть кинжал, хоть ружьё, гораздо лучшее, чем его собственное вооружение.

Но и на пленного духа гор порою находят милость и благоволение к усердным его почитателям. Много времени тому назад был в Кабарде удалой наездник Ардулай-Нор, никогда не забывавший приносить новогоднюю жертву Джин-Падишаху и никогда не жалевший отдавать ему лучшее из награбленного за год оружия. Прослышал он, что на Кубани, у князя Девлет-Магома, известного богатыря и богача, есть красавица дочь Зейнаб-Астара. Много удальцов, богачей из княжеских и ханских родов сваталось за красавицу; много в честь её творилось подвигов воинских, сжигалось и грабилось гяурских селений, – ничто не колебало гордости отца и холодного сердца дочери. Оба они находили, что во всём крае, от Азова до Дербента, не было жениха достойного такой невесты!.. Возгорелось сердце Ардулая! Не милы стали ему родные горы, леса, аулы и все их красавицы, среди которых каждая готова была с радостью выйти замуж за удалого джигита... Само наездничество и набеги потеряли для влюблённого юноши всю прежнюю прелесть. Целыми днями бесцельно бродил он по горам и лесам, а к вечеру пробирался поближе к аулу Девлет-Магомы, высматривал с горы, не увидит ли где за стеной красавицы, не блеснут ли ему глаза её из окошка сакли. Князь жил особняком на опушке леса, под грядою скал и с них-то высматривал Астару влюблённый в неё заочно Нор. Вот раз, тёмным вечером, сидит он так на своей вышке, глядит – глаз не спускает с тесовой ограды, с каменных стен просторной сакли, со старой башни с узким оконцем и широкого, поросшего травою двора. Вдруг отворилась маленькая дверь, и вышли из башни две старухи, две прислужницы и хранительницы прекрасной княжны. Вышли они и говорят между собой:

– А что, опять старый хрыч жениху отказал?

– Опять! – отвечает другая. – Вишь не по дочери его такой жених, как уздень Джамбулат. Не диво ему бранные подвиги его; не прельщает его табун лошадей, что уздень пригнал с последнего набега на Дон; не нужны все сокровища, которые он сулит ему в калым за невесту... Будь ты, говорит, гостем моим, уздень Джамбулат, – но мужем дочери моей не будешь!

– Ведь вот какой несговорчивый старик! – дивилась первая женщина.

104

– Боюсь я, что нашей звёздочке Астаре с таким отцом придётся век в девицах свековать. Какой же кинжал разрежет её пша-кафтан?[5].. Разве найдётся молодец, который и впрямь у Джин-Падишаха оружие для этого призаймёт, как того ожидает наша княжна.

– Да, вот уже никак двадцатого жениха спроваживает князь... А самой Астаре из ночи в ночь всё снится какой-то неведомый джигит, красавец, который, не спросясь отца, отгадает её желание и с бою возьмёт её, мечем грозного повелителя горных духов.

Тут вдруг к ногам разговаривавших упал золотой червонец, за ним другой, третий, четвёртый...

Старухи бросились подбирать, подняли головы к небу: дивились не звёзды ли с неба падают червонцами к их ногам?.. Тогда на горе, из чащи леса, раздался голос:

– Покажите мне прекрасную Зейнаб-Астару, и я засыплю вас золотом.

Переглянулись женщины, испугались.

– Кто б это мог быть?.. Уж не горный ли дух подшучивает над нами?.. Не превратятся ли эти червонцы в горячие угли, как только мы внесём их в жильё? – переговаривались они.

– А вот ты здесь постой, а я пойду в саклю, посмотрю! – предложила одна.

Она ушла и тотчас же возвратилась в радости, позванивая золотыми на ладони.

– Кто ты? – спросили они.

– Я засыплю вас золотом, только покажите мне княжну! – прозвучал снова голос, и снова два червонца звеня покатились к порогу.

Тогда обе прислужницы бросились в саклю и вызвали княжну, захватив с собой и фонарь, чтоб осветить её лицо.

– Иди! – говорили они, – на двор наш с неба сыплются золотые звёзды, сёстры твои![6]... Они верно хотят поиграть с тобою, прекрасная княжна. Откинь покрывало! Покажи им ясные очи твои.

И хитрые старухи осветили лицо красавицы, и чуть не ослепили видом его притаившего дух Ардулая.

Пригоршня золотых со звоном раскатилась по траве.

– Видишь ли? Видишь ли, ясная звёздочка наша? – закричали женщины и чуть не подрались, ползая по земле и собирая червонцы.

А Зейнаб-Астара сказала презрительно:

– Это золото!.. Что мне в нём?.. У отца моего мешки полны червонцев

---

[5] Девушки-горянки с малолетства носят пша-кафтан, – т. е. девичий кафтан; нечто вроде корсета, который муж обязан разрезать кинжалом, их не поранив.
[6] Астара – звезда.

и драгоценностей!.. Мне нужен мой милый! Мой желанный джигит, с заколдованным мечом, которому дано будет перерезать шнуровку моего кафтана.

— Он придёт! Он скоро придёт!.. Жди меня, звезда моего неба! — прозвучал страстный голос юноши из тёмного леса на скале.

Сердце Зейнабы затрепетало как птичка в тесной клетке, и она прошептала чуть слышно:

— О! Приходи!.. Приходи скорее, мой милый!

Через неделю во двор Девлет-Магома прискакал всадник весь закованный в латы и обвешанный оружием. За ним следовали двенадцать нукеров, тоже вооружённых по самые уши. Это был Ардулай-Нор. Князь внутренне смутился, потому что накануне все его слуги и воины ушли в набег, за Терек. Но он этого не выказал приезжему, а гостеприимно отворил ему дверь своей кунацкой.

— Добро пожаловать, — сказал он. — Что надо тебе славный витязь?

— Мне нужна или одна дочь твоя, или, и дочь и, вместе, жизнь твоя, князь! — ответил незнакомец.

— Ты скор на решение! — улыбнулся старый богатырь. — Но, слава Аллаху, я не из трусливых, и не отлита ещё та пуля, и не закалён тот кинжал, которыми пронзят мою грудь.

— Быть может так, но, авось, и тебя проймут двенадцать пуль сразу... Посмотри на потолок.

Глянул Девлет-Магома и видит сквозь слуховое окно, сквозь ход на плоскую крышу сакли, сквозь трубу каменную, двенадцать дул винтовок, направленных в него.

— Ну, ловкий же ты молодец! — сказал он. — Вижу, что ты достойный суженый моей дочери. Я решил, что отдам её только за того джигита, который перехитрит и осилит меня самого. Ты это сделал! С моей стороны нет препятствий к вашему браку; но, вряд ли, Зейнаб-Астара согласится за тебя выйти, если ты не выполнишь её заветного желания...

— Какого?.. Говори. Я всё исполню!

— Спроси её саму. Не хочу, чтобы ты думал, что я внушу ей ответ.

Отец и жених миролюбиво направились в женскую половину. Там, на парчовых подушках и коврах сидела красавица Зейнаб. Прислужницы окружали её и поспешили сначала закрыть лицо её покровами, а потом уж впустить мужчин. Она приветливо приняла вошедших и промолвила голосом сладким, как весенняя песня жаворонка в поднебесье:

— Селям алейкюм, добрый витязь!.. Вижу, что ты тот самый, которого жду я давно... Но, увы!.. Рок мешает нам быть счастливыми, если ты не угадаешь и не выполнишь моего желания.

— Аллах Всемогущий и все силы его да помогут мне в этом, Астара, звезда моей души.

— Так угадывай! – сказал Девлет-Магома, коварно улыбаясь.

Ардулай-Нор поник головою, задумался... Вдруг его осенило воспоминание того, что сказала прислужница в памятную ночь, когда он впервые увидел свою возлюбленную.

Он окинул взглядом окружавших её старух и узнал тех, которых осыпал червонцами. Одна из них, тоже узнав его по голосу, молча, провела пальцем по груди своей, будто бы разрезывала ножом шнуровку...

— Я должен разрезать твой девичий кафтан, о, моя несравненная!.. И клянусь, что никто не разрежет его, кроме меня.

— Да, дорогой мой суженый! Ты отгадал моё желание, но не вполне...

— Погоди! – перебил Ардулай красавицу. – Я знаю всё: я должен разрезать его мечом грозного Джин-Падишаха?

— Да! Да!.. – закричали все присутствовавшие. – Видим теперь, что ты воистину, жених, которого ждала княжна.

А Зейнаб-Астара поднялась во весь свой стройный рост и сказала, подняв над ним руки:

— Да будет над тобой благословение Великого Тха, и да обратит он гнев и злобу Джин-Падишаха в благоволение!.. Иди, мой возлюбленный суженый! Исполни предначертание судьбы, чтоб любовь моя была тебе наградой, и мир воцарился над потомством нашим.

— Жди меня до десяти дней! – закричал Ардулай-Нор и как безумный выбежал из сакли.

Чрез минуту только клубы золотистой пыли, ложившиеся по степи, остались от присутствия удальца-джигита и его двенадцати товарищей.

Ярко сияла полная луна в подоблачном царстве повелителя горных и подземных духов. Всюду расстилались снеговые склоны, высились ледяные скалы; белые покровы сияли серебром, искрились брильянтами, и самый заиндевелый воздух казалось переливался мириадами алмазных пылинок.

Тишина стояла непробудная, полная. Лишь изредка раздавался треск ледника или далёкий гул снежного завала, стремглав слетавшего в пропасти, и снова всё умолкало, и воцарялась торжественная тишина; некому было двигаться – здесь жизни не было. Разве случайно из нижней полосы скал и хвойных лесов, что расстилались сине-туманной полосою далеко внизу, забегали сюда волк или жёлтая лиса, но и те, пробежав по нетронутым снегам, спешили вернуться в свои берлоги и норы... Орёл только, серый царь пернатых, порою взлетал и садился на ледяную вершину и гордо озирался, весь залитый блеском солнца в этой снежной пустыне, словно величаясь тем, что не боится ни стужи её, ни одиночества.

Но это случалось днём. Теперь же ничто не двигалось и не дышало на многие сотни вёрст кругом. Джин-Падишах мог дремать спокойно на своём серебряном троне, упиравшемся в ясное поднебесье, с которого еле мигали, там и сям, бледные звёзды, утопая в сиянии царицы-луны.

И он дремал...

Дремал, весь окованный льдом, и снились ему райские кущи, хороводы блаженных духов и вечное сияние Благого, Великого, Единого, – которому он изменил, от светлых обителей которого он добровольно отрёкся... В полусне и забвении он порой простирал руки к чудным образам прошлого и тогда воздух сотрясался от звона его тяжких цепей, и от сотрясения их расседались ледники, и смертоносные обвалы срывались в долины на горе путникам и жителям горных склонов.

Вдруг грозный властитель гор встрепенулся и с трудом приподнял отяжелевшие от инея веки... Ему почудилась близость чего-то живого...

Кто-то всходил на вершину, к подножью его ледяного престола. Скользя беспрерывно и падая, какой-то смертный взбирался в его обитель. Но Джин-Падишах, хотя почувствовал присутствие человека, но не видал его... Блаженные сны, навеянные на него благими силами, смягчали сердце владыки тёмных сил. Смягчая голос свой, раздавшийся как раскат дальнего грома, он вопросил:

– Кто здесь?.. Кто дерзновенный, осмелившийся нарушить покой моего царства и сна?

– Я, витязь Ардулай-Нор, твой верный поклонник и ежегодный жертвователь, – долетел до него ответ.

– Дерзкий и безумный! Что внушило тебе смелость дойти до меня?

– Любовь! – не колеблясь отвечал джигит.

– Я не знаю её! – вскричал Джин, и мощный вопль его раздался как громовой удар над головой Ардулая, и эхо ледников донесло его вниз в горные ущелья, а оттуда в долины и заставило многих спавших в аулах людей проснуться в страхе и многих младенцев от ужаса вскрикнуть, прижимаясь к груди матерей. – Ты видишь – земля дрожит от мановения руки моей! Дыхание моё подобно урагану! Блеск глаз ослепит и сожжёт тебя как молния!.. Уйди безумец и не тревожь моего горя.

Ардулай-Нор упал на колена.

– О, грозный Падишах! Умертви меня во гневе твоём, – сказал он. – Мне жизнь не нужна без Зейнаб-Астары, царицы души моей, а её я могу получить лишь тогда, когда ты мне дозволишь на время взять один из мечей твоих в ущелье Татар-Тупа[7]. Там находится главный жулат, куда

---

[7] Татар-Тупа в переводе: место подвластное татарам. Под таким названием у кабардинцев были известные башни и жулаты, впоследствии обращённые горцами, принявшими магометанство, в минареты.

верные сносят тебе жертвы. Я засыплю его пулями и всякими доспехами, лишь позволь мне на время взять один из твоих клинков.

– Да будет по твоему, смертный! – отвечал, смягчившись, старец. – Счастлив ты, что попал ко мне в минуту моего смирения... Но зато скажи мне: растут ли ещё хлеба, цветы и травы на земле? Родятся ли ягнята, и есть ли ещё счастливые семьи, где царствует мир и довольство?..

Смутился Нор. Знал он, как и все, что по велениям Всемогущего Тха, с Джин-Падишаха лишь тогда спадут оковы, когда земля и твари станут бесплодны, а между людьми окончательно водворится вражда, и брат восстанет на брата. Боялся он гнева пленного духа, но не хотел солгать... Мысленно призвал он на себя благословение Великого и смело отвечал:

– Да, великий дух! Благодарение Зиждителю, ещё земля родит плоды, и семейное счастье не везде нарушилось...

Едва он выговорил эту истину, земля задрожала, так тряхнул цепями Джин, и в недрах её пронёсся гул от страшного стона его. Заплакал пленный дух. И слёзы его разлились потоками. Они были так горячи, что вековые снега таяли под ними и расседались в трещины, по которым, бурля и дымясь, эти жгучие слёзы понеслись к подножью Эльбруса, чтобы увеличить ещё более воды тех бурных потоков, которые, неистово прорывая землю и скалы, вырываются из под льдов в горные ущелья.

Ардулай-Нор, оглушённый и бесчувственный, был подхвачен потоком слёз грозного Падишаха и потерял сознание... Но не даром призвал он на себя благословение Всевышнего: невидимые силы поддержали его и охранили во льдах и в водах и в недрах земных.

Ардулай-Нор очнулся в глубоком ущелье реки Малки, где бродил ещё накануне вечером вокруг да около жулата, Татар-Тупа, желая страстно и не осмеливаясь выбрать булатный клинок из множества ножей и кинжалов, принесённых в дар Джин-Падишаху. Теперь он смело вскочил на ноги, протёр глаза и вошёл в высокую башню. Странное дело! Он помнил прекрасно своё восхождение на Эльбрус, разговор свой с грозным духом; помнил, как упал и был захвачен клокотавшим потоком слёз его, – а между тем он был цел и невредим и чувствовал себя превосходно, как человек, прекрасно отдохнувший за ночь...

Теперь светало. Сизые пары поднимались с кипучей речки, а предутренний ветерок гнал их вниз, по ущелью, разрывая их в клочья по кустарникам и зелёным склонам... Восток алел. Гряды золотистых облачков в небе таяли, сторонясь перед восходом солнца, светозарного друга природы; а когда Ардулай-Нор вышел из жулата с тонким лезвием закалённой стали в руках, светило дня ярко блеснуло на избранном им кинжале и осветило счастливое, горделиво улыбавшееся лицо влюблённого юноши.

Чрез несколько дней князь Девлет-Магома шумно и великолепно отпраздновал свадьбу дочери своей Зейнаб-Астары со славным джигитом Ардулай-Нором. Много было истрачено золота, бузы и мёду на этой свадьбе; ещё больше пороху на молодецкую перестрелку поезжан. Синий дым выстрелов долго ещё носился над аулом, серебрясь в ярких лучах месяца, когда щедро одарённые подруги решились сдать тароватому дружке жениха его прекрасную невесту.

– Смотри! – сказал добродушно Девлет-Магома своему зятю, – когда будешь резать шнуровку пша-кафтана кинжалом "грозного старца" – не порань им груди твоей жены. Такая неловкость была бы дурным предзнаменованием для будущего вашего счастья.

Ардулай-Нор улыбнулся. Он был уверен в своей ловкости.

А верхушка Эльбруса так ярко сияла в эту ночь, будто сам Джин-Падишах хотел показать, что радуется счастью новобрачных.

НОЧЬ ВСЕПРОЩЕНИЯ И МИРА[8]

Была Великая Суббота – 1500-я годовщина святотатственного преступления, даровавшего спасение миру.

В Генуе храмы были переполнены народом, собиравшимся чествовать ночь Воскресения Господня. Колокола торжественно звонили, вечерние службы кончались, но оживление ещё царило на улицах и в цветущих окрестностях древнего города, над которыми раскинулся тёмно-синий купол небес, усеянный ярко сиявшими алмазами созвездий.

В маленькой вилле, утонувшей в зелени пальм, олеандров, мирта, лавров и роз, под мраморным портиком, на крыльце, стоял, прислонившись к резной колонне, человек высокого роста, ещё не старый, но с лицом уже изборождённым многими морщинами – следами забот, трудов, подчас тяжких лишений. Он вышел вздохнуть ароматным воздухом, оживить грудь сильными, здоровыми испарениями моря... Взор его блуждает по вольному простору Генуэзского залива, по цветущим берегам и морской зыби, отливающей серебром и фосфором под дрожащими лучами звёзд, – но он полон сосредоточенных дум и печали.

Рука его лежит на голове большой чёрной собаки, пристально устремившей глаза в его лицо. Глаза животного горят, как изумруды, в темноте ночи, в них глубина и сила мысли изумительные. Собака не сводит взоров с лица своего хозяина и, по временам, визжит или рычит, словно хочет ему сообщить что-то.

Человек этот – известный теолог, оратор, доктор, химик, историк и лингвист; другие считали его астрологом, алхимиком, магом и чародеем, повелителем элементов и духов, равным полубогам древности, подобным Гермесу Трисмегисту по знаниям и могуществу. Это великий учёный Корнелий Агриппа, врач Луизы Савойской, матери Франциска I, летописец Карла V, автор "Тайной философии", почти за четыре столетия ранее Месмера провозглашавший скрытые силы человека над человеком; многократный изгнанник и великий путешественник, едва не погибший на костре за то, что, будучи синдиком, в Меце, спас от пламени бедную девушку, приговорённую к сожжению за колдовство. Это Корнелий Агриппа, а рядом с ним – "Monsieur", его заколдованная собака-демон, описанная всеми современниками его, признававшими исключительные особенности их обоих.

---

[8] Сущность предания отчасти почерпнута из старинной английской брошюры, хранящейся в Британском музее под заглавием: Chronicles of Cartaphilus, the Wandering Jew; отчасти из биографий Корнелия Агриппы.

Сам ли "Мосьё" был оборотень, домовой в шкуре пса? Или его "всезнайство" исходило из магического ошейника, скрытого в его длинной, шелковистой чёрной шерсти, – ошейника с кабалистическими знаками на внутренней стороне его? – в этом хроники не согласуются, но, как бы то ни было, "Мосьё" был советником, учителем и другом Корнелия Агриппы, – и оба это сознавали.

Вот и в эту ночь, величайшую ночь христианского мира, Агриппа вышел, не чая ничего необычного; но чёрный пёс его знал, что должно случиться "нечто" не совсем обыденное... Он отводил пронзительный взгляд свой с хозяина лишь затем, чтобы требовательно, нетерпеливо устремлять его в тёмную ночь; он многозначительно взвизгивал, словно предупреждая его о чьём-то появлении.

Учёный наконец обратил на него внимание.

– В чём дело, дружище? – тихо спросил он. – Ты ждёшь кого-то?.. Ты извещаешь меня о прибытии гостя?.. Что же? Надо ли нам бояться того, кто придёт?

Он сосредоточенно смотрел в глаза собаки, и та ему отвечала не менее глубоким взглядом...

– Нет?.. Вижу, что нет. Тем лучше... Я утомился в житейской борьбе! Я устал скитаться и боюсь, что время моё сочтено... Не великой перемены страшусь я, – нет! Предвечного закона нечего страшиться. Но я боюсь, что не успею выполнить своих задач: не успею передать грядущим поколениям вверенных мне знаний... Пойдём, товарищ, работать! Ни дело, ни жизнь – не ждут!

И Агриппа вошёл в единственную комнату своего одинокого жилища, вместе и лабораторию, и кабинет для чтения и приёмную немногих посетителей, являвшихся к нему за советом, за предсказанием или за составлением гороскопа. Тут было всё: скелеты и реторты, фолианты, глобусы и геометрические инструменты; на полках и на столах были расставлены бокалы и фляжки с таинственными амальгамами, с цветистыми эликсирами, солями, кислотами, и рядом с ними – куски разнородных металлов и банки с различными семенами и всевозможными ингредиентами. Висячая лампа в виде ладьи, освещала таинственным, синеватым пламенем этот рабочий беспорядок, пучки трав, чучела пресмыкающихся и птиц, спускавшиеся с потолка. А возле огромного стола красноватые отблески углей, тлевших в жаровне, бросали огненные искры и багряный свет на все ближайшие предметы.

Учёный тотчас углубился в свои мысли и сложную работу, позабыв весь мир; а Monsieur, не зная забвения, уселся сторожем на пороге и зорко глядел в темноту, поджидая неминуемого гостя.

112

И вот он появился у входа в сад; вот перешагнул в ограду и прямо направляется в открытые двери жилища... Пёс слегка повернул голову к хозяину и предупредил его тихим, ласковым рычанием.

Но Корнелий Агриппа был слишком углублён в себя, чтобы видеть что-либо или слышать.

Незнакомец вошёл в район света и молча стал на пороге...

Странен был его вид!

Удивительные противоположности, невиданные в людях никогда; смесь отличительных свойств, совсем между собою несходных, поражала в наружности этого позднего посетителя. Начиная с его возраста, – всё было в нём неопределённо, противоречиво!.. Он не был сед, едва несколько белых нитей серебрило его чёрные кудри, но ни бороды, ни усов у него не было. Не было также и глубоких морщин; глаза, порою, блистали как у юноши; но, в общем, в выражении лица и всей его высокой, согбенной фигуры, сказывалось такое великое утомление, будто года лежали на нём тяжёлым бременем. Его древнееврейская одежда поражала богатством тканей и драгоценностей и, вместе, такою ветхостью, что, казалось, она сейчас распадётся лохмотьями и прахом... Но нет! Каким-то чудом его восточные шелка, расшитые золотыми буквами и кабалистическими эмблемами, его пурпуровая мантия, "эфод", накинутый на плечи, его когда-то богатые, но выцветшие сандалии, – держались, не распадаясь, на исхудалом, бескровном теле, казалось, тоже готовом разложиться, если б его сочленений и мускулов не сдерживало нечто сильнейшее материальных атомов и законов физических.

Наконец глухой, сдержанный лай собаки, очень похожий по звуку на вопрос: "Ну! Что ж ты?" – заставил Агриппу поднять голову и оглянуться... В ту же минуту, поражённый, он встал и пошёл навстречу пришельцу, не зная, что о нём подумать. Он чувствовал нечто весьма близкое к страху, будто видел пред собой не живого человека, а мертвеца, с глубоко запечатлевшимся выражением страдания и томительного горя на челе.

– Прости мне, Агриппа, несвоевременное моё посещение. Великая твоя слава дошла и до слуха вечного странника... Желания мои давно к тебе стремились, – но выбора я не имею! – произнёс посетитель голосом глухим и бесстрастным, по звуку которого тоже ничего нельзя было определить.

– Сердечно приветствую приход твой, неведомый мне странник, пришедший ко мне с ласковым словом. Боюсь я только, что молва преувеличивает мои заслуги, и что я не удовлетворю твоим ожиданиям, – ответил учёный.

– Люди и молва во все веки одинаковы: их сфера – крайности. Ты сильно любим и прославляем, но также сильно унижаем и ненавидим...

Ты – человек! И человеческой участи, – не миновавшей самого Бога, сошедшего на землю – не избегнешь.

– Я это знаю... Мне доказали это долгие годы борьбы с невежеством, с равнодушием, с враждою...

Странник улыбнулся: печальна и горька была его усмешка.

– Ты мне не веришь?

– О, верю! Твои скитания из страны в страну, несправедливость к тебе временных, коронованных покровителей твоих – мне ведомы. Но прости мою невольную улыбку: я столько, столько раз слышал ребяческие жалобы на бремя лет таких, как ты, людей, едва достигших полувека, что мне, – познавшему, что те лишь годы долги, которые ещё не наступили, а пережитый век иль миг – едино, – без удивления слушать тебя трудно... Но я боюсь, что злоупотребляю... Прости меня за то, что я так много говорю о себе.

– Так много?.. Напротив, я желал бы слышать более. Я бы просил тебя, неведомый странник, – если бы смел нарушить долг гостеприимства, – сказать мне, кто ты, так легко говорящий о годах и столетиях?.. Я знаю предание об едином, несчастном человеческом создании, которое имело бы право говорить так, как ты. Но я считал его сказкой!

– Неужели ты, мудрец и учёный, не знаешь, что сказка – только забытая или переиначенная действительность?.. Что многое реальное на свете часто гораздо изумительней волшебной сказки?.. Так слушай же, что я тебе поведаю, Агриппа. Я в ранней юности, бывало, глядел на заходившее светило дня, радостно помышляя, что через несколько часов оно вновь выплывет и засияет вечным блеском на тверди небесной, вновь и вновь освещая землю и ею любуясь. Я, в безумии своём, втайне желал его бессмертия! Я завидовал его долголетию... Но ныне я познал, что молодость часто стремится к тому, от чего была бы рада избавиться старость... За тяжкий грех немилосердия дана мне участь бессмертного солнца: изо дня в день, безостановочно кружу я по земле, не находя покоя, и лишь теперь познал, как счастливы те смертные, которым позволено пройти краткий срок до желанного отдыха! Его у меня не будет!.. Я лишился его по своей вине, в безумии гордыни и жестокосердия!

И удивительный странник поник усталой головою на свои бескровные руки.

Корнелий Агриппа смотрел на него со страхом, с сожалением, в изумлённом недоумении, не зная, что решить: был ли то безумец, лишённый рассудка, или действительно он видел перед собою воплощение той личности, которую доныне считал мифом, плодом фантазии и суеверия первых христиан...

Пришелец прервал его размышления.

– Позволь присесть мне, – сказал он, – сегодня ночь искупления всех грешных деяний, ночь всепрощения! Сегодня я имею право отдохнуть.

Учёный поспешил усадить его и предложить ему вина, плодов и хлеба, всё ещё думая, что перед ним безумный; но странник отказался от пищи; он еле прикоснулся к кубку иссохшими губами и, с благодарностью, с надеждой глядя на мудреца, заговорил, вновь оживившись:

– Не смею долго отнимать тебя от твоих занятий и сам не могу долее терпеть неизвестности. Скажи мне, о премудрый Корнелий Агриппа, справедливо ли молва называет тебя обладателем волшебного "зеркала прошедшего и будущего"?.. Верно ли то, что всякий, кто с упованием и верой посмотрит в этот магический диск, – увидит в нём отражение прошлой жизни и давно покинувшие землю лица, видеть которых жаждет душа его?

– Кого ж бы ты желал увидеть? – спросил Агриппа. – Чем ближе были узы, соединявшие людей, тем возможнее вызывать их отражения в моём магическом зеркале.

– Ближе той, мирской, давно прошедшей жизни, о коей желал бы я узнать – у меня не было!.. Семьи я не знал, потомства не имел... Все чувства души моей, весь пыл моего молодого когда-то сердца я излил на девушку, которая должна была стать моей, если б не гибельный мой грех!.. Хочу, о! всеми силами бытия хочу увидеть Ревекку, дочь раввина Эбена Эзры!.. Хочу узнать, что сталось с ней? Какую долю она избрала себе после моей невольной измены, после исчезновения моего из Иерусалима, из пределов Палестины?.. Века веков личных мучений не так пугают меня, как мысль, что она страдала тот краткий срок, который был суждён ей на земле.

Он вновь отчаянно закрыл лицо руками и, с тяжким стоном, продолжал:

– Подумай: какова мне неизвестность, ты, счастливый смертный, не утративший права ждать законного конца земных страданий и тревог. Подумай: мириады живых существ уходят в своё время. Миллионы миллионов боятся смерти, не хотят её – а умирают, хоть переполнены желанием жизни на земле. Я – ненавижу свою жизнь! Радостно бы принял я жесточайшие истязания, зная, что за ними ждёт меня могила, – но мне нет смерти! Нет конца!.. Реки иссыхают, скалы распадаются во прах, величайшие памятники разрушаются, – всему приходит конец. Нет его только Агасферу, злосчастному сыну Мариамны!.. О! Дай мне, дай в эту милосердную, всепрощающую ночь, утешение – ещё единый раз увидеть мою Ревекку! Узнать, что с нею сталось! Если возможно, успокоиться в том, что мой грех не пал на её голову!

Весь дрожа, Корнелий Агриппа ответил ему:

— Да будет по твоему, мой странный посетитель. Кто ты? Откуда появился? Из геенны или из рая, из видимых или невидимых областей мироздания, — я сделаю всё, что могу, чтоб удовлетворить тебя.

И мудрец тотчас же приступил к заклинаниям.

Певучим голосом шепча неведомые слова, Агриппа снял покрывала, скрывавшие от глаз "зеркало прошлых и будущих веков"; окурил его одуряющею "манделлой" — семенами чёрного растения гробниц, собранного в окрестностях Кедрона, потом ароматическою "тассой", в народе называемою "травой Св. Троицы"; когда рассеялся их дым, он отполировал блестящую, металлическую поверхность этого вогнутого зеркала мягкими тканями и мехами. Потом, всё продолжая свои канты, поставил его на место, а между ним и своим посетителем, безмолвно ждавшим окончания его приготовлений, поместил треножник с пылающими углями.

— Теперь ты сам должен помогать мне, — обратился к нему заклинатель. — Сейчас я посыплю на огонь нечто, что подымится белою прозрачною завесой между нами и "зеркалом веков". На этой завесе отразится, что ты желаешь видеть, — как наши тени отражаются, в солнечный день, на стенах; но только эти тени не будут лишены ни жизненной окраски, ни самобытного движения...

— Так я не в зеркале её увижу, а здесь, перед собой? — вопросил тот.

— Да. Сияние зеркала так велико, что ты был бы ослеплён и ничего в нём не увидел бы, если бы не эта туманная завеса. Но помни, странник: что бы ты ни видел — ты должен хранить молчание. Одно твоё слово — и всё исчезнет!.. Теперь считай "десятки лет", истёкшие со времени события, которое ты желаешь видеть... Не ошибись в счёте: от этого зависит хронологическая верность картин. Ты можешь проследить всю жизнь человека, который тебя интересует... Считай же годы десятками, — как только свет, подобный солнечному, изойдёт из зеркала, и подымится пред нами занавес, — я же буду отсчитывать твои десятки вот этим маленьким жезлом.

И Корнелий посыпал угли каким-то порошком, а сам начал чертить по воздуху кабалистические знаки своим магическим жезлом.

Почти тотчас же, исходя из жаровни, стало развёртываться нечто вроде белой пелены, доходя почти до потолка и закрыв всю внутреннюю часть комнаты. В то же время зеркало за этой занавесью разгоралось таким ослепительным блеском, будто действительно обращалось в солнце. Лучи его, окрашиваясь, принимая цвета и формы существующих в природе предметов и созданий, ударяли в завесу, — и вот уже начали образовываться на ней картины, лица, пейзажи.

– Пора! – промолвил торжественно маг.

И, встав, поднял руки к небу, потом быстро опустил их к земле... Целые снопы искр, белых как алмазы, посыпались сверху, а снизу брызнул фейерверк цветистых лучей, и весь этот ослепительно яркий свет сосредоточился в зеркале, будто оно его поглотило.

– Считай десятки лет! – приказал Агриппа.

И став рядом с ним, при каждой цифре, произносимой Агасфером, он повелительно махал жезлом.

Ровно 161 раз жезл поднялся и опустился, и с каждым новым взмахом ужас яснее выражался на лице Агриппы... Наконец, усталый, поражённый, он остановился, глядя на своего дивного посетителя...

"Так это правда?.. Это он, точно он, – вечный странник, осуждённый на бессмертие Агасфер"...

Да, иначе быть не могло... Та красавица, которую он так страстно желал увидеть, уже несколько секунд была перед ними; с каждым взмахом волшебного жезла вырастая из ребёнка, делаясь прелестною девушкой, она теперь достигла полного расцвета юности и стояла пред своим 1500-летним женихом в той именно среде и обстановке, окружённая именно теми лицами, которые были при ней в далёкий день; о коем мыслил он.

Туманная пелена расцветилась и ожила точным изображением древнееврейского празднества. На первом плане зеленела роскошная долина, орошённая потоком. Источник, весь в пене, вырывался из группы скал и стремился вниз по цветущему склону, осенённому там и сям группами пальм, рощами оливковых и гранатовых кустов. Кое-где в густой траве отдыхали домашние животные; бродила ручная газель, весело приближаясь на зов своей балованной молоденькой хозяйки, единственной дочери раввина Эзры, известного своим богатством. Ревекка полулежала в тени развесистого кедра, любуясь играми юношей, девушек и детей, веселившихся ради первого дня опресноков... То было ровно за год до рокового события.

В немом восторге взирал Агасфер на эту картину своей счастливой юности; и по мере того, как мысль его шла вперёд, вызывая другие воспоминания, – иные, ближайшие по времени, сцены появлялись на волшебной ткани, растянутой пред ними. Менялись окружавшие её декорации и лица, но сама девушка оставалась всё та же, меняясь лишь в возрасте и одеждах...

Вот стёрлись с первого плана высокие горы, исчезли и живописные кущи сада на берегах Кедрона. Видневшиеся вдали здания большого города приблизились, и пред зрителями прошли не только улицы, здания, площади Иерусалима, но и вся мировая драма, разыгравшаяся 1600 лет назад в Претории, в Синедрионе и, наконец, на Голгофе, – но лишь настолько, насколько участвовала в ней или видела её та, на которой сосредоточивались помыслы еврея...

Вспоминать он мог только до роковой для него минуты, когда Христос остановился у его порога; когда его жестокое слово, в порыве гордыни, обращённое на Спасителя мира, рушилось на его собственную голову; когда, в ответ на оскорбление, он увидел безмолвный упрёк, безмолвное горе о нём самом в кротком взгляде Иисуса, омрачённом кровью, струившеюся из-под тернового венца; когда он понял всю глубину, весь ужас своего непоправимого преступления, и – побежал!.. Побежал, не оглядываясь на дом свой, на стены родного города, на родные горы и долы; и долго, долго бежал с ужасом и отчаянием в сердце, гонимый призраками ада, пока не свалился без сил, без памяти... Но не для отдыха, не для успокоения: их для него в природе уже не было! Едва опомнившись, он вскочил снова, чувствуя не землю, а лютый огонь под ногами, и снова побежал. И так опять, и опять, и всегда, – поныне и до века, и во веки веков, без отдыха, без срока!

С того дня протекли столетия, и столетия он носил в истерзанной душе своей тот образ, который явился ныне перед ним. Он вызван не языческим кудесником, не губительными силами чёрной магии, – нет! Он вызван, по мольбе его, христианином, мудрецом, глубоко верующим в Того, Кого он, всеми отверженный ныне, отверг тогда; над Чьим страданием насмеялся, не чая, что не во гневе Агнца, подъявшего грехи человечества, а в Его всепрощающем взгляде найдёт свою казнь.

Ныне он чаял Его милости. Одного из Его слуг, коими переполнился мир, он пришёл умолять снять с измученной души его гнёт сомнения: дать узреть ему, что сталось с его, против воли брошенной им, невестой?.. Как окончила она свою печальную жизнь?..

Желание его было исполнено.

Вот перед ним три креста на Голгофе, которых он тогда не видел; вот святые женщины, три Марии, возвращаются домой в великой скорби своей, не замечая ничего и никого, не замечая разрушений землетрясения, сопровождавшего смерть Распятого, не замечая за ними следовавших любопытных, доброжелателей и врагов. Вечный странник жадно следил за ними и с изумлением видел, что в тот вечер опечаленных друзей шло за святыми женщинами более, нежели злорадствовало на пути их врагов. Он искал во множестве народа Ревекку, но не находил её...

Но вот Пресвятая Матерь Иисуса, опираясь на руку Иоанна, названного сына Своего, приблизилась к Своему бедному жилищу. Многие явные и тайные приверженцы Её Сына встретили Её, выбегая к Ней, не скрывая рыданий или робко выглядывая из-за углов, пряча слёзы свои "страха ради Иудеев"...

118

Между первыми, явно сочувствовавшими Её великому горю, выделилась стройная женская фигура, поджидавшая Богоматерь у порога Её дома. Когда Она была уже близко, девушка страстным движением открыла лицо своё, орошённое слезами, и повалилась на землю, обнимая ноги Богородицы, как бы моля Её прощения и помощи, а Она, воззрев к небу, опустила руки ей на голову...

Поражённый Агасфер побледнел ещё сильнее. Так вот что было потом!.. Ну, – а далее?.. Что же далее?!.

И, послушное его желаниям, зеркало отразило другую картину.

Не бедные кварталы Иерусалима, а величественные здания другого, роскошного, мирового, вечного города появились на туманном занавесе. Он тотчас узнал Рим и, в течение нескольких мгновений, показавшихся ему бесконечно долгими, проследил кровавую трагедию, свершившуюся почти пятнадцать веков назад над дочерью Эбена Эзры и многими её товарищами по вере. Он отыскал её сначала в тех тёмных подземельях, где ютились гонимые язычниками, – по-видимому, презренные и несчастные, но, в сущности, великие и блаженные – последователи учения Христова. Он проследил все страшные перипетии её заключения в темнице; потом её шествие в Колизей, в среде многих других жертв, обречённых на гибель на потеху кровожадной толпы. В ту минуту, полную смертельного ужаса, когда выпущенные на арену дикие звери прянули на толпу мучеников-христиан, когда разъярённая голодом тигрица бросила на землю его Ревекку, – несчастный, забыв, что перед ним не самое событие, а его тень, с громким криком бросился к страшному видению...

В миг всё померкло, – всё исчезло!

Со стоном, шатаясь и дрожа, вечный странник на секунду беспомощно опустил голову и руки, в то время, как Корнелий Агриппа, потрясённый до глубины души вызванной им из мрака древности драмой, спешил закрыть своё волшебное зеркало и широко растворить временно запертую им дверь в сад.

Дым и чад, вызванные волхвованиями, рассеялись. Свежесть и благоухание весенней ночи снова проникли в покой; снова в него ворвались тихий лепет листвы, успокоительный, мерный шум морских волн, разбивавшихся о берег; снова упали в него с небесных высот лучи игравших на них звёзд.

Агасфер поднял голову. По застывшему лицу его струились слёзы.

– Благодарю тебя, великий христианский мудрец! – сказал он. – Ты облегчил моё великое горе, сняв с моей души гнёт неизвестности и дав мне несколько блаженных мгновений свиданья... Благодарю тебя!.. Чем вознаградить мне тебя?.. Не примешь ли ты от меня эти несколько ненужных мне драгоценностей, поднятых мной по пути моих бесконечных странствий?

Говоря это, посетитель Агриппы протянул ему кошелёк, в котором блистали дорогие каменья.

Но учёный отрицательно покачал головой.

– Нет, бедный друг мой, мне не нужны сокровища земные! – сказал он. – Один твой взор на эти небеса с мольбою о прощении к Тому, в Ком были тобой оскорблены страдания всего человечества, – для меня лучшее и самое желанное вознаграждение.

– Аминь! – еле слышно прошептал Агасфер. – Прощай!.. Да воздаст тебе Бог Саваоф за добро и привет, оказанные бесприютному осуждённому.

И, медленно повернувшись и поникнув головой, вечный странник вышел и скрылся во мгле торжественной пасхальной ночи милосердия и всепрощения.

ИЗ СТРАН ПОЛЯРНЫХ

Святочное происшествие

Ровно год тому назад довольно большое общество собралось провести зимние праздники в деревенском доме, вернее – в старом замке богатого землевладельца в Финляндии. Этот дом или замок был редким остатком капитальных, старинных построек наших прадедов, заботившихся о благосостоянии своих потомков более, чем мы, грешные; да, поистине сказать, имевших на то более достатков и более времени, чем наше разорённое, вечно спешащее поколение...

В замке было много остатков древней роскоши и праотцовского гостеприимства. Мало этого, были замашки средневековых обычаев, основанных на традициях, на суевериях народных, наполовину финских, наполовину русских, занесённых русскими хозяйками, их родством, их многочисленным знакомством с берегов Невы. Готовились и ёлки, и гадания, и тройки, и танцы, – всякие общеевропейские и местные и даже чисто-всероссийские вспомогательные средства для увеселения праздного, избалованного общества, которое предпочло, на этот раз, "лесную, занесённую снегами, трущобу", – как называл свои владения хозяин дома, праздничным городским увеселениям. В старом доме имелись и почерневшие от времени портреты "рыцарей и дам" – именитых предков, и необитаемые вышки с готическими окнами, и таинственные аллеи, и тёмные подвалы, которые легко было переименовать в "подземные ходы", в "мрачные темницы" и населить их привидениями, тенями отшедших героев местных легенд. Вообще, старый дом представлял многое множество удобств для романических ужасов; но в этот раз всем этим прелестям суждено было пропасть втуне, не сослужив службы читателям; они в настоящем рассказе не играют прямой роли, как могли бы играть в святочном происшествии.

Главный герой его, с виду весьма обыденный, прозаический человек... Назовём его... ну, хоть – Эрклер. Да! Доктор Эрклер, профессор медицины, полунемец по отцу, совсем русский по матери и воспитанию; по наружности тяжеловатый, обыкновенный смертный, с которым, однако, случались необыкновенные вещи.

Одну из них, по уверению его, самую необычайную, он рассказал небольшому кружку слушателей, окружавших его в боковой комнате, в то время, как в больших залах и гостиных шумное общество, возвратившись с катания, собралось чуть ли не танцевать.

Доктор Эрклер, оказалось, был великий путешественник, по собственному желанию сопутствовавший одному из величайших современных изыскателей в его странствованиях и плаваниях. Не раз погибал с ним вместе: от солнца – под тропиками, от мороза – на полюсах, от голода – всюду! Но, тем не менее, с восторгом вспоминал о своих зимовках в Гренландии и Новой Земле или об австралийских пустынях, где он завтракал супом из кенгуру, а обедал зажаренным филе двуутробок или жирафов; а несколько далее чуть не погиб от жажды, во время сорокачасового перехода безводной степи, под 60 градусами солнцепёка.

– Да, – говорил он, – со мною всяко бывало!.. Вот только по части того, что принято называть сверхъестественным, – никогда не случалось!.. Если, впрочем не считать таковым необычайной встречи, о которой сейчас расскажу вам, и... действительно, несколько странных, даже, могу сказать, – необъяснимых её последствий...

Разумеется, поднялся хор требований, чтоб Эрклер рассказывал скорее...

– В 1878 году пришлось нам перезимовать на северо-западном берегу Шпицбергена, – стал он рассказывать. – Пытались мы переплыть оттуда к полюсу летом; да не удалось – льды не пустили! Тогда решили попробовать добраться помощью салазок и лодок для переплывания трещин, но и это не удалось! Захватила нас темь, – беспробудная полярная ночь; льды приковали пароходы наши в заливе Муссель, и остались мы отрезанными на восемь месяцев от всего живого мира... Признаюсь, жутко было первое время! Особливо, когда, на первых же порах, поднялись бури и снежные вихри, а в одну ночь ураган разметал множество материалов, привезённых нами для построек, и разогнал, на погибель, сорок штук оленей нашего стада.

Все, кроме главного вожака нашей экспедиции, всегда готового к лютой гибели на пользу науки, очевидно приуныли... Голодная смерть хоть кого обескуражит, а ведь, олени, привезённые нами, были нашим главным plat de résistance[9] против полярных холодов, требующих усиленного согревания организма питательной пищей. Ну, потом полегчало... Свыклись! Да и привыкать стали к ещё более питательной, местной пище: моржовому мясу и жиру. Выстроила наша команда из привезённого нами леса домик, на две половины, для нас, т. е. для троих наших профессоров и для меня, и себе самим; деревянные навесы для метеорологических, астрономических и магнитных наблюдений и сарай для уцелевших оленей. И потекли наши однообразные, беспросветные сутки, почти не отделяемые на дню серенькими сумерками... Тоска

---

[9] главное блюдо - фр.

бывала, порою, страшная!.. Так как из наших трёх пароходов двум предположено было вернуться в сентябре, и только прежде времени восставшие ледяные стены заставили остаться весь экипаж, то всё же надо было соблюдать изнурительную экономию в пище, в топливе, в освещении... Лампы зажигались только для учёных занятий; остальное время мы все пробавлялись Божьим освещением: луною да северными сияниями... И что это были за чудные, несравнимые ни с какими земными огнями, величественные сияния!.. Кольца, стрелы, целые пожары правильно распределённых лучей всех цветов. Особенно великолепны были также лунные ночи в ноябре. Игра света месяца на снегу и ледяных скалах – поразительна!.. Такие бывали волшебные ночи, что глазам не верилось, и жаль бывало порой, что нельзя перенесть этих небесных фейерверков в страны населённые, где было бы кому ими любоваться.

Вот, раз, в такую-то цветную ночь, – а может и день, – ведь, с конца ноября до половины марта рассветов у нас не было совсем, мы и не различали, что день, что ночь... Ну, вот, раз смотрим мы, кто наблюдения делает, кто просто любуется дивным зрелищем, вдруг в переливах ярких лучей, заливавших алым светом снеговые пустыни вырисовывается какое-то тёмное, двигавшееся пятно... Оно росло и, будто, распадалось на части по мере приближения к нам. Что за диво!.. Будто стадо зверей или куча каких-то живых созданий брела по снежной поляне... Но звери здесь, как и всё – белые... Кто же это?.. Люди?!.

Мы не верили глазам!.. Да, кучка людей направлялась к нашему жилищу. Оказалось – более полусотни охотников за моржами, под предводительством Матиласа, хорошо известного в Норвегии ветерана-морехода. Захватило их льдом, как и нас...

– Как вы узнали, что мы здесь? – изумились мы.

– Нас провёл старик Иоганн, вот этот самый, – указали нам моржеловы на почтенного, беловолосого старца.

Ему бы, по правде, на печке следовало сидеть, да разве лапти плесть, а никак не в полярные моря на промысел ходить... Мы так и сказали, дивясь, к тому же, откуда узнал он о нашем присутствии и нашей зимовке в этом царстве белых медведей?.. На это Матилас и спутники его улыбнулись и убеждённо заявили, что "Иоганн всё знает"; что, видно, мы мало в северных окраинах бывали, когда не слышали о старом Иоганне, и дивимся ещё чему-нибудь, когда старожилы на него указывают...

– Сорок пять лет промышляю я в Ледовитом океане и сколько помню себя, столько знаю и его – и всегда таким же белобородым! – объявил нам вожак моржеловов. – Когда я с отцом, мальчишкой ещё в море хаживал, – прибавил он, – батька мне тоже о Иоганне сказывал. И про своего отца и деда говаривал, что всегда и смолоду другим его не знавали, как таким же белым, как родные наши льды... С дедами нашими бывал он на промыслах всезнайкой, – таким же и доныне все промышленники его знают.

– Так что же ему, двести лет, что ли? – засмеялись мы.

И приступили некоторые наши молодцы из команды к нему с расспросами:

– Дедушка, сколько тебе годков будет?

– А и сам-де, не знаю, молодчики. Живу, – говорит, – пока Бог жить велит. Годов не считаю.

– А откуда ж ты узнал, что у нас здесь зимовка?

– Бог указал, – говорит. – Сам не знаю, откуда узнал я, а знал верно... Вот и привёл. На людях легче им будет.

Им-то легче, но наш набольший крепко затруднился гостями. К весне, того гляди, и нашим людям придётся норвежским мхом питаться, для оленей припасённым; где ж тут ещё столько ртов принимать?. Однако, старый Иоганн, не дожидаясь, чтобы мы свои опасения высказали, попросил только о приюте в сарае на несколько дней...

– Вот, как деньков через десять настанет перемена ветра, льдины-то расступятся. Наши судёнышки не то, что ваши махины: найдут себе щёлки для выхода. К Христову дню – будут иные у своих очагов, на родимых берегах, в Гамерфесте.

– Как так, – иные? – переспросили его.

– Да те, коим Бог присудит.

– А другие-то что же?.. С ними что ж станется?

– А со всеми будет воля Божья! – просто отвечал Иоганн.

А старик Матилас почесал голову и вздохнул при этом:

– Видно, не всем нам родимый порог суждено переступить!

Заинтересовали меня очень, признаюсь, эти два вожака отважных промышленников. Да и не меня одного; особенно, Иоганн этот. И, как увидите, не даром. Чудный старик оказался! Поистине всё знал! И многое такое, чего наши учёные профессора не знали, т. е. в чём не совсем уверены были. Они на рассказы Иоганна только рты разевали... Каждый день после работ призывали мы его на свою половину, и начинались расспросы и дивования. Всего, что странный человек этот нам рассказывал, не передать и в три дня. Довольно того, что все его рассказы касались далёких, мифических времён; допотопных, доисторических переворотов на земном шаре; давно отживших рас, фаун и флор и не только в его северных, и в тропических странах.

Наш почтенный профессор В**, зоолог, ботаник и антикварий, то и дело подпрыгивал от изумления, определяя научные теории и гипотезы, которые узнавал в рассказах этого удивительного старца... Он говорил о погибших материках, о катаклизмах, изменивших лицо земного шара, породы животных и людские расы – так определённо, с такою уверенностью, как будто сам был очевидцем этих переворотов многих и многих тысячелетий. На расспросы наши: как, откуда он всё это знает? Иоганн всегда пожимал плечами и, кротко улыбаясь, отвечал, что "и сам не знает!.. Бог-де, поведал!.. Знаю, – видал!"

Раз только он мне одному сказал удивительные слова:

– Вижу я всё, что знаю. Вижу – не оком, а духом!.. Есть у меня высочайшая, семиоконная, духовная башня... В неё, за облака, под девяностоседьмые небеса возношусь я и оттуда созерцаю премудрость Божью!..

Мало того, что старый Иоганн дивил нас своими рассказами, он ещё более нас поразил своими сведениями о недугах человеческих, о тайных силах магнетизма, ясновидения и тому подобных, – сорок лет тому назад почти неведомых науке, – свойствах духа человеческого. Дня за три до его ухода от нас, наш товарищ химик К** сильно заболел удушьем. Он прежде страдал астмой, но припадки несколько лет не возобновлялись, и он считал себя излеченным. Но этот приступ был так силен, что я считал его погибшим, когда в комнату неожиданно вошёл Иоганн.

Он подошёл без зову как власть имеющий и к величайшему удивлению нашему начал делать пассы над больным, сосредоточенно устремив взгляд на лицо его. Мы невольно отошли, наблюдая... Не прошло и нескольких минут, как К** стал свободнее дышать, перестал метаться и скоро окончательно успокоился, глубоко заснув под магнетическими пассами старика!

На другой и на третий день Иоганн его магнетизировал снова и сказал, что он будет здоров...

– Надолго ли это? – спросил тот.

– Думаю, что навсегда... По крайней мере, обещаю, что припадки не возобновятся при моей жизни! – было ответом.

Все мы переглянулись... Профессор химии был человек под сорок всего, а моржелов годился ему в деды. Он будто угадал наши мысли.

– Дня же своего и часа не ведает никто! В нём волен Бог! – сказал он. – Но... я имею право рассчитывать ещё на довольно продолжительную жизнь.

– Неужели?! – изумились мы. – Но почему же?

– Мне так сказано... Я ещё не окончил своего дела.

– Тебе это сказано – там? – начал было необдуманно я, но не успел договорить, как собирался: "в твоей семиоконной духовной башне", – я не успел выдать этих слов его, мне одному доверенных, и сам доныне не знаю почему?.. Что-то сжало мне горло и язык не повернулся, словно какая-то сила окаменила его...

125

В ту же секунду старик взглянул на меня укоризненно и вышел.

Я догнал его на пороге нашего жилища, чувствуя, что обязан просить у него прощения. Ночь была дивная!.. В фосфорических переливах небесных сияний льды горели брильянтовыми искрами и сияли самоцветными радугами.

— Ты, дедушка, прости меня, — начал было я, но он перервал меня.

— Бог простит, — говорит. — Не ты, а я виноват, что неосмотрительно разбалтываю то, о чём говорить не приходится. Да ничего! Говори себе, рассказывай о моей башне кому хочешь, — неожиданно прибавил он, словно угадав моё намерение спросить его, — только не теперь! Не при мне, чтобы не узнали люди ваши и все... Тогда, ведь покою не дадут мне!

— Не буду! Не буду! — поспешил я его успокоить. — Только скажи ты мне, любезный друг, кто тебя научил пользоваться той силой, которой ты вылечил нашего товарища?

Иоганн посмотрел на меня долгим, задумчивым взглядом и сначала было отвечал своим всегдашним ответом:

— Бог, де, выучил...

Однако, на усиленные просьбы мои рассказать, как он открыл свои магнетические способности, он объяснил, что никто ему на них не указывал, а признал он их сам в себе исподволь, понемногу.

— Зачем же и хожу я на промыслы со своими? — предложил он мне вопрос. — Неужели, думаешь ты, за наживой?.. Нет, милый человек, — барышей их мне не нужно! Да я и прав на них не имею, не помогая им в их трудных заработках... Опасностей промысла я не боюсь, — опять угадал он мою мысль, — нет! Не опасности, а греха! Никогда не обагрял я рук в чьей-либо крови. Никогда не касались уста мои животной пищи. Мне незачем лишать жизни тварей Божьих. Я скорблю и за других-то, что лютая нужда заставляет людей промышлять кровью, — лишать жизни творений Господних... Хожу я на промыслы и буду ходить, пока в силах, для того, чтобы помогать и врачевать. Много раз приходилось мне пользоваться Богом данными мне способностями: облегчать недуги товарищей, выводить их из опасности... Вот, как теперь, вывел я из-под метелицы и довёл до вашего жилья всю партию. А то, ведь, уж у нас нечем было огоньку развести, да и перекусить им, беднягам, почти что ничего не оставалось... Вас мы не объели: ещё наши же люди вам промыслили запасов, а сами всё же от вихрей да стужи укрылись.

А моржеловы точно за эти дни набили нам и моржей, и медведей, и рыбы наловили большой запас.

— Вот через три дня уйдём к Серому Мысу, — закончил старик свою речь. — Надо попытаться доставить мою партию по домам... тех, кому суждено уцелеть!..

126

– А не всем суждено это? – спросил я.

– Не всем! – покачал головой Иоганн. – Я боюсь, что вернётся наша ватага без головы...

– Как?.. Матилас? – спросил я, изумившись. – И это ты знаешь, старина?

– Эх, – говорит, – барин! Мало, что я знаю! Больше на горе своё, чем на радость... Редко, – говорит, – кому мне приходилось говорить о знаниях своих, как тебе. А тебе и таким как ты – говорить мне приказано... Такие, как я, больше должны молчать; но иногда тем, кто уши и глаза не закрывают от премудрости Создателя всех сил, мы должны открываться... Пусть истина пробивается в мир хоть редкими, окольными путями, пока не наступит ей время прорваться с большей, неодолимой силой и ярче озарить свет, чем наши полярные ночи освещают эти Божьи, чудные огни! – указал он на северное сияние.

А я, признаюсь, смотрел на него в изумлении и не совсем доверяя. Я нарочно переспросил: "Такие-де, как ты"!..

– Но разве ж ты, старина, точно какой-нибудь особенный человек?

– Да, – говорит. – По нонешним временам я – особенный! Таких, как мы, теперь мало... В будущем земном круге нас опять станет больше, а ныне осталось очень мало...

– Но кто же ты такой? – не выдержал я. – Колдун, что ли?

Старик усмехнулся.

– Колдун – бессмысленное слово! – сказал он. – По крайней мере то, что люди понимают под этим названием, ничего не объясняет, а напротив, затемняет людские понятия... Я один из не утративших третьего ока!.. Ока духовного, которым щедрее были одарены пра-праотцы наши; которое с течением веков, разовьётся снова в далёких пра-правнуках наших, когда люди перестанут бороться с истиной, с Силой сил! И чем скорее сдадутся люди плоти, люди греха, на убеждения всесильной истины; чем скорее восторжествует воля немногих людей духа над упорством людей плоти. – тем скорее человечество поймёт свои ошибки! Тем полнее восторжествует свет истины над одолевшими его ныне грубыми силами праха и тлена!

– Вот смысл удивительных речей старика норвежца, сказанных им мне в ту величавую ночь на ледяных берегах Шпицбергена, которую я никогда не забуду! – заключил доктор Эрклер свой рассказ. – Да если б и хотел я забыть старца Иоганна, он бы мне этого не позволил!

Мы, его внимательные, хотя несколько скептические, слушатели изумились и снова насторожили внимание.

– Как же так, не позволил?.. Чем?.. Какою силой?

Некоторые из нас уже составили было отдельные кружки, рассуждая о странном рассказе доктора; большинство, разумеется, отнеслось к нему скептически. В особенности критически к нему отнеслись двое молодых людей, студент из Дерпта с довольно окладистой бородой и совсем безбородый врач, только что сорвавшийся со скамейки. Теперь, услышав это последнее заявление своего учёного собрата, юный доктор умолк, покосившись на него поверх очков; за ним его собеседник и почти все уставились на Эрклера.

— Как и чем Иоганн не позволил вам о себе забывать?

Почтенный доктор помолчал; потом окинул всех таким взглядом, будто мысленно вопрошал нас: "Да полно! говорит ли уж вам?.." Наконец, как бы решившись, скороговоркой отрезал:

— Да тем, что каждый раз, как мне случалось о нём рассказывать, — поминать его удивительные знания, его загадочные силы, — непременно случалось что-либо... странное! — совершенно неожиданное и... необъяснимое!

Эти слова породили неловкое молчание...

Наконец, одна старушка, тётка хозяина дома, спросила:

— Что же именно?.. Что-либо дурное?.. Неприятное?

— Да, да!.. И с кем?.. С вами, доктор? — вопросил высокий, весело глядевший на всех господин, — местный мировой судья. — Или не вы один страдаете от дружеских напоминаний вашего колдуна из-под северного полюса, а и мы все не вне опасности?

— Не беспокойтесь! — отвечал профессор, улыбаясь на всех его окружавших, — опасного нет ничего в визитных карточках Иоанна... Чаще бывает смешное...

— Неужели совместно с достоинством такого мага злоупотреблять своей силой? Подшучивать ею над безобидными смертными, как какому-нибудь проказнику из царства гномов? — иронически вопросил студент.

— Это недостойно современника великих праотцов и патриархов! — поддержал его юный эскулап, сморщив под очками нос в насмешливую гримасу.

— Почему же! Да воздаётся каждому по делам его и заслугам! — сказала тётушка Амалия Францевна. — Иной шут гороховый и не стоит серьёзного урока...

— А проучить его необходимо! — докончил Эрклер, добродушно улыбаясь. — Нет, серьёзно, — продолжал он, — мне приходилось не раз вспоминать моего знакомца с Шпицбергена. В особенности, наш последний разговор...

— При свете северного сиянья? — прервали доктора.

— Нет, — возразил он, — в серенькую ночь, которая собственно была утром... Ровно через три дня, как он и предсказывал, по излечении им нашего товарища, Иоганн отплыл со своими моржеловами, пользуясь переменой ветра, разогнавшего льдины. Прощаясь, он сказал мне: "Если я вам когда-нибудь понадоблюсь, подумайте обо мне! Пожелайте сильно, всей вашей волей, всем разумом"...

– Разумом?!. – насмешливо прервал юный эскулап.

– "Всей силой духа вашего", – не смущаясь, продолжал профессор медицины, – "и я постараюсь быть вам полезным; если придётся, даже, увидеться с вами"...

– Представ среди полымя и смрада, как Мефистофель? – широко, но не без претензии, улыбаясь, вставил бородатый студент.

– "Если придётся, – с вами увидеться!" – повторил Эрклер. – "Но, без особой нужды, не призывайте меня", – говорил!

– И что же? Вы призывали?.. Вы его видели? – опять перебили доктора те же неугомонные слушатели.

– Нет! – сухо отозвался рассказчик, – не призывал, именно, потому, что не было крайней нужды в его помощи. Но совершенно уверен, что если призову, то увижу.

– Совершенно уверены?! Herr Professor[10], вы нами забавляетесь?

– Извините! Я только рассказываю факт: я верю в необычайные силы и способности Иоганна, во-первых, потому, что имею безумие считать наши узкие знания, вашу миниатюрную, близорукую науку весьма несостоятельными вспомогательными средствами к постижению всех дивных, могущественных сил, сокрытых в человечестве и в окружающей нас природе; а во-вторых, потому, что он не раз давал мне, без всякого с моей стороны призыва, удостоверения в том, что не прервал со мной духовных сношений...

Мы переглянулись изумлённые, а студент и его соумышленник весьма неучтиво рассмеялись.

– Позвольте мне окончить мой рассказ и я перестану смешить вас и злоупотреблять вашим терпением, – серьёзно отнёсся к ним доктор Эрклер. И продолжал, обернувшись к другим слушателям. – Я должен ещё сознаться вам, господа, что я верил бы в необыкновенные способности старика Иоганна и в существование подобных ему, удивительных субъектов, – хотя сам не встречал других таких, как он, – по собственному убеждению возможности их бытия... Но, в этом случае, я даже не имел бы права ему лично не верить, если бы, вообще, и не допускал таких ненормальных явлений, потому именно, что всё сказанное им сбылось. Вы знаете К**, нашего уважаемого профессора химии, господа? Спросите его: радикально ли он излечен от астмы. Он скажет вам, что, несмотря на его последующие путешествия к северу и долгие пребывания в областях

---

[10] нем. Herr Professor — Господин профессор. Прим. ред.

вечных льдов, не только припадки удушья его не повторялись, но он даже никогда не простужался, стал здоровее, чем когда-либо... Потом, бедный вожак моржеловов, норвежец Матилас, точно более не видал родного крова: он, в числе пятнадцати человек, – из пятидесяти восьми отважных охотников, которым мы оказывали гостеприимство в заливе Муссель, – задержанные временно льдами на Сером Мысе погибли на охоте за белыми медведями. Возвращаясь весной в Европу, мы видели его могильный камень на пустынном берегу... Наконец, те знаменательные слова, которые дед Иоганн сказал мне на прощание, пред исчезновением их утлой флотилии между трещинами ледяных скал, в узких проливах, образованных временно разошедшимися льдинами, – должны были бы каждого убедить в необъяснимом могуществе его, потому что он не раз выполнял их косвенное обещание...

– А какие же это были слова? – спросила старушка Амалия Францевна, жадно уставившись на доктора.

– Вот они, – исключительно к ней обратился профессор, – он сказал: "Я, может быть, вам буду иногда напоминать о себе". Иоганн сказал это мне, склонившись с лодки, которую уже отталкивали от берега. За ним отплыли и остальные... Я стоял и глядел им вслед, пока высокая фигура старика, стоявшего у руля, кормчим передовой ладьи, не скрылась в сумерках; пока заиндевелая серебряная борода его не слилась в белесоватом тумане полярной, лунной ночи – я не мог от него глаз отвести!..

– И больше вы его не видали?

– Не видал. Но... иногда...

– Что такое?.. Что – иногда?

– Иногда мне чудилось, что я... чувствую его близость, – его присутствие!

И доктор Эрклер весьма красноречиво пожимался, неопределённо осматриваясь вокруг...

Тут произошло нечто неожиданное.

В комнату вбежали молодые хозяева дома, необыкновенно оживлённо сзывая всех:

– Что вы сюда забрались! Идите скорей! Скорее – смотрите какое необыкновенное явление на небе!.. Говорят, что это отражение северного сиянья... Чудо! Чудо как красиво!.. Всё небо в алом зареве и в лучах. Пойдёмте скорей!

Все мы бросились вслед за убежавшей молодёжью и действительно увидали, в окнах дальней комнаты великолепный отблеск полярного сиянья. Хозяева распорядились потушить огни в северной стороне дома, на вышке-фонарике, и те, кто не поленился туда взойти, любовались вдвойне величественным зрелищем. Несколько слушателей доктора, в том числе и я, взошли на верх и вновь прослушали целую лекцию его о северных сияниях. Оканчивая описание одного из таких явлений, виденных им в арктических странах, он, указывая нам на потухавший алый свет, сам взглянул в окно и, вдруг вздрогнув, умолк и припал к стёклам...

Стоя рядом, я невольно подалась к окошку, следуя по направлению его взгляда, и увидала, среди широкой, пустынной площадки, пред парком, занесённым глубоким снегом, очень высокого, плечистого человека. Он шёл от дома, словно только что вышел из него и, не спеша, направлялся в среднюю аллею... Дойдя до предела площадки, ярко освещённой луною, он остановился, обернулся лицом к нам и взглянул на окно...

Мы увидали лицо очень благообразное, но совершенно обыкновенное. Черты седого старика, обрамлённые меховой шапкой и длинной белой бородою; но я его видала лишь мельком, отвлечённая необыкновенным состоянием доктора, который весь дрожал и вдруг, сорвавшись с места, бросился вниз с лестницы в ту именно минуту, когда один из молодых хозяев, стоявший возле нас, удивлённо произнёс:

– Кто этот старик? И куда он идёт?.. Парк теперь заперт... Откуда взялся он? Я никогда его не видел!

Немудрено... Вероятно, не один наш молодой хозяин не видал его ни прежде, ни после... Старика не нашёл и выбежавший за ним на мороз, без шапки, доктор Эрклер. И кого мы не расспрашивали о нём, впоследствии, – гостей, хозяев и дворню, – никто такого старика не видел и никто не знал его, – кроме нашего рассказчика, профессора медицины... Он-то знал! Да только не пожелал ни назвать его, ни сознаться в том, что узнал старого знакомца...

Тем не менее для нас, из его внезапной задумчивости было ясно, что если белобородый старик, мелькнувший нам в парке, и не был сам Иоганн, то за него был он принят профессором.

Однако появлением неизвестного старца не ограничились неожиданные события этого святочного вечера. Среди возобновившихся забав и оживления, кто-то вдруг вспомнил отсутствовавших друзей, – юного медика и зрелого студента.

Где они?.. Никто не знал. Никто не видел их с тех пор, как все мы двинулись смотреть небесное явление, отблеск далёкого полярного сияния. Все думали, что и они были с нами... Но нет! По строгом исследовании оказывалось, что они в жару рассуждений о рассказе Эрклера замедлили в той дальней комнате и не пошли вместе с нами, а остались, чтобы договориться.

Их бросились искать. Хозяева разослали прислугу по всему дому; потом по службам, наконец – по саду и парку; но нигде ни следа медика, ни дерптского студента!

Наконец, на самом дальнем южном конце громадного дома послышались откуда-то сверху крики... Жалобные призывы на помощь.

Все гурьбою устремились туда, по коридорам, по лестницам, по крутым, витым ступенькам, на противоположную тому фонарику, откуда мы смотрели на сияние, необитаемую, ещё более высокую вышку, служившую складом для всякого ненужного хлама. Из-за её запертых на крючок узеньких дверей неслись отчаянные крики и стук; в них беспощадно колотили до опухоли избитыми кулаками рассвирепевшие друзья.

– Сейчас! Сейчас!.. Слышим, идём! – кричали издали заключённым, старавшиеся столкнуть запоры их тюрьмы – заржавевший в петле крючок, долго не поддававшийся стараниям.

И вот они оба, – врач и студиозус предстали наконец из холодной, пыльной, тёмной кладовушки, в самом печальном виде: испачканные, промёрзлые, обозлённые.

– Как вы сюда попали?.. Как это могло случиться?.. Кто вас здесь запер?..

– Разве мы знаем?.. Чёрт или какой-то негодяй! – сердито закричал медик.

– Мы вышли вслед за вами, но в зале нам сказали, что все пошли наверх, – объяснил студент. – Тут в коридоре, какой-то человек, старик, – мы приняли его за служителя, – очень учтиво предложил нас проводить и пошёл сюда со свечей в руке. Мы за ним...

– Да! Чёрт его побери! – перебил медик весь трясясь от злости. – Мы за ним! Он, дойдя до двери, учтиво пропустил нас вперёд и бац – крючок в петле!..

– А мы – в тёмной западне! – закончил товарищ.

– О, бедные! И просидели во тьме и холоде три битых часа? Но кто же, – кто мог сыграть с вами такую злую шутку?! – негодовали хозяева и гости.

Да! В том-то и была задача: кто это сделал?..

Как ни разыскивали виноватого, как ни хлопотали узнать его смущённые хозяева, – его не оказалось!

– Ещё один странный случай к вашим воспоминаниям о старце Иоганне? – коварно шепнула Эрклеру старая тётушка. – Ещё одна его "визитная карточка"?..

Но тот только весело глянул на неё, сдерживая улыбку, но ничего не отвечал.

СОДЕРЖАНИЕ